# 초월명상과 기 수련

노년의 지혜가 전하는 치유의 메시지

# 초월명상과
# 기 수련

김노환 지음

산지니

# 초라한 생애의 공간에 다시

『노년의 지혜』를 펴낸 지 꽤 시간이 흘렀습니다. 어느 날 행랑채에서 받아 든 책을 읽고 감명 깊었다며 늙수그레한 분들이 찾아왔을 때 내심 기뻤습니다. 온갖 병마에 시달리다 수련을 시작하고 나서 몸이 한결 가벼워졌다고 말하는 분도 있었습니다. 그리고 좀 더 알기 쉽게 수련의 과정을 펴내 달라는 얘기도 들었습니다.

결국 그러저러한 이야기들, 마음에 품고 살았던 수련과 삶의 이야기를 좀 더 하고자 다시 초라한 생애의 공간에 책 한 권 내려놓습니다.

빙산을 녹이는 윤문(輪門)과 같은 뜨거운 기운이 반
도를 강타하고, 급격한 사회적 요구와 변화가 세상을
휩쓸고 있습니다. 지금이야말로 차원이 다른 세상으로
나아가기 위해 긍정과 낙관의 힘이 필요할 때라고 생각
합니다.

　무수한 풀과 꽃과 나무가 숲의 주인이 되는 시대, 선
량한 민중의 마음이 곧 부처가 되고 하느님이 되는 시대
가 다가오고 있음을 느낍니다. 중생이 없으면 부처도 하
느님도 국가도 천국도 소용없습니다.

부디 이 부족하기 짝이 없는 기록을 통해 크고 작은 생명의 운동법칙을 발견하고 깨달으며 수련과 삶이 유기적인, 그래서 나와 이웃의 삶이, 그 삶의 고통과 기쁨이, 몸과 마음에 육화(肉化)되어 세상의 작은 밀알이 되기를 소박하게 기도합니다.

늘새의 집 김노환

# 차례

# 1부

# 오조 아재

　　지리산 끝자락의 산청, 유년기 내가 살던 산골마을엔 시각 장애인이었던 오조 아재란 분이 있었습니다. 시각을 잃었지만 보통 사람들이 갖지 못한 예민한 청각과 온몸으로 주변 환경의 변화를 느끼는 감각이 매우 빠른 분이었습니다.

　　멀리서 들려오는 발자국 소리만으로도 누군지 알고 먼저 "인철아, 점심 묵었나?" 하고 이름을 부르며 식구들 안부를 묻는 분이었습니다.

　　숲이 울창하고 깊은 계곡과 산세 험한 지리산은 천연의 요

새로 한국전쟁 이전부터 여순사건의 반군과 좌익세력이 결합하여 장기적인 빨치산 투쟁이 이어지던 곳이었습니다. 나중엔 남로당의 지도를 받으며 산청을 비롯하여 경남 함양, 거창, 하동과 전북 무주, 남원, 전남 구례, 곡성에 이르기까지 폭넓은 지역에 영향을 미쳤습니다. 특히 미군의 대규모 전쟁개입 이후 후퇴하던 인민군이 전쟁이 끝날 때까지 게릴라전을 펼쳤던 대표적인 곳입니다.

전쟁 후반기에 들어 상산 김씨 집성촌이었던 우리 마을엔 빨치산의 출현이 잦았습니다. 학교에선 당시 이름난 빨치산 지도자의 이름과 인상착의를 어린 학생들에게 외우게 했는데, 실제로 마을에 출현했던 빨치산은 선생님 얘기처럼 살인과 약탈을 일삼는 악마의 모습이 아니었습니다.

마을에 내려온 빨치산은 대개 무장한 소대 규모로 닭이나 돼지, 곡식과 반찬 같은 걸 집집마다 다니며 거두어 갔는데, 그들은 마을에 내려와 음식을 추렴할 때마다 조국해방을 완수하면 꼭 두 배로 갚겠다며 주민들에게 설명한 뒤 가져갔습니다. 격변기 좌우익이 충돌했던 세계의 여러 내전을 살펴보면 당시 좌익의 친(親)대중노선을 잘 알 수 있는 부분이기도 합니다.

　빨치산이 마을로 내려오면 오조 아재는 걸핏하면 동네 꼬맹이들 앞에서 "산에서 오신 손님들께 잘 해드려라."라고 말하곤 했습니다. 시각장애인인 그가 이념에 경도된 좌익분자라서가 아니라, 세상을 볼 순 없으나 동네 사람들에겐 언제나 넉살 좋고 친절했던 품성 탓이었을 겁니다.

　면에서 온 관리가 마을에 와 일정한 양의 곡물을 걷어 가던 시절, 집집마다 보리쌀을 삶아 부엌 천장에 매달아놓곤 했는데, 하얀 도포자락을 휘날리며 이 마을 저 마을로 오갔던 오조 아재는 거리낌 없이 아무 집에나 들어가 부엌 천장에 매달린 삶은 보리쌀을 훔쳐 먹곤 했습니다. 이웃들은 그러려니 할 뿐 오조 아재의 행동에 누구도 나서서 화내거나 징벌하지 않았습니다. 면에서 주민들에게 알려야 할 소식이 있으면 오조 아재가 이 마을 저 마을로 뛰어다니며 외치고 다녔는데, 장애인인 그가 서너 번 그러고 나면 모든 주민은 그 소식을 알게 되었으므로 어쩌면 사람들은 오조 아재를 마을의 집사쯤으로 생각했을지도 모르겠습니다.

그가 자유롭게 이 마을 저 마을 아무 집에나 들락거리며 보리쌀을 훔쳐 먹어도 괜찮았던 건 달리 나쁜 행동을 하지 않는, 몹시 선량한 사람이었기 때문이며 마을공동체의 성실한 일원이라고 여겼기 때문일 겁니다.

오조 아재는 사방 몇십 리 안의, 주민들의 생일과 제사, 잔칫날을 다 기억하는 놀라운 능력을 가지고 있었습니다. 비록 세상을 볼 순 없었지만, 온 마을을 다니며 아이들에게 말벗이 되어주었고 모르는 걸 물어보면 늘 알기 쉽게 설명해주었습니다. 어찌 그리 다양한 지식을 갖게 되었는지 몰라도, 그는 적어도 동네 아이들에게 훌륭한 어른이자 친구였고 마을 사람들에겐 우편배달부 같은 존재였습니다.

세상을 볼 수 없는 치명적 장애를 지녔음에도, 집집마다 다니며 무시로 쌀을 훔쳐 먹어도, 이 동네 저 동네 오가며 온갖 소식을 전하는 메신저였던 오조 아재는 한 번도 동네 사람들에게 버림받지 않았습니다. 아니, 특유의 너그럽고 따뜻한 품성으로 동네 아이들에겐 겨울 담벼락을 비추던 햇볕같이 소중한 존재였습니다.

태양이 자신의 둘레를 도는 모든 행성과 적당한 거리와 긴장을 유지하며 넉넉히 태양계를 거느리며 한결같이 중심의 역할을 수행하듯 오조 아재는 우리의 유년기를 아름답게 만든 사람이었습니다. 우리 앞에서 그는 자신의 장애를 슬퍼하지 않았으며 겉멋 든 사람처럼 뽐내려 하지 않았고 어른이라고 권력을 행사하지도 않았고 고집스럽게 자기주장만 늘어놓지도 않았습니다.

어떤 욕망도 없이 순수한 영혼으로 일생을 살다 간 오조 아재는 지리산 자락의 여러 마을을 지키는 느티나무 같은 사람이었고 존중받는 사람이었습니다.

물가 버드나무를 꺾어 아재에게 가져다주면 앞을 보지도 못하면서 두 손과 입을 이용하여 적당한 간격으로 구멍을 뚫어 아주 멋진 피리를 만들어주던 분, 그 오조 아재를 잊을 수가 없습니다.

오조 아재처럼 사람의 마음을 다치지 않게 하고 선량하게 사는 일은 우리네 '살이'에서 무엇보다 중요한 덕목입니다. 더구나 사람들의 자잘한 슬픔과 기쁨을 기꺼이 함께 나누고 위로할 줄 알았던 그의 태도는 당시 마을 공동체를 아름답게 하는 요소였다고 생각합니다.

육체적 장애 탓에 어린 우리 눈에 비쳤던 모습보다야 사는 일이 팍팍했겠지만, 자신의 사회적 스펙트럼이 오직 자신이 다 일군 것인 양 거들먹거리는 출세주의자들이 감히 넘볼 수 없는 인간의 세계를 살다 간 분이 오조 아재였습니다.

걸핏하면 손가락질 받으며 주변의 혹독한 비난과 증오가 따라다니는 삶은 제아무리 몸부림쳐도 결코 행복해질 수 없습니다. 욕망에 함몰되어 자신을 돌아보지 못하고 살다가는 사람들의 비난과 증오의 기가 반드시 내 정신을 해치고 예기치 않은 질병에 시달리게 합니다.

혹 '이제 어떻게 살아야 할까요?'라고 묻는다면, 좀 더 선량하게 믿음으로 살아야 한다고 답하고 싶습니다.

# 삶과 죽음의 문제

　삶과 죽음의 문제는 명상의 중요한 주제이며 모든 종교의 근원이자 숙제입니다. 구도자들은 삶과 죽음이 간밤에 꾼 꿈과 같은 것이라며 꿈에서 깨어보니 모든 게 헛되고 헛된 것이라 삶과 죽음이야말로 근원이 없는 것이라고 설명합니다.

　삶과 죽음을 생각하는 우리 마음이 어디에서든 시작된 곳이 없으니 끝나는 곳도 없으며, 한 생애가 그저 간밤의 꿈이니 기쁨이든 고난이든 현실에 집착하지 말라고 가르칩니다.

　욕망에 지배당하며 사는 사람은 꿈만 꿈인 줄 알지 현실도 꿈인 줄은 모릅니다. 사람이 죽어 육체가 소멸하여도 정신은 소멸한 세상의 바깥에 여전히 존재합니다. 그 소멸의 바깥에 존재하는, 정신이라는 또 다른 몸의 자리를 공(空)이라 하며, 그 공의 세계와 나의 현실 사이에 '기(氣)'가 있고 '도(道)'가 있습니다.

춘추전국시대, 일세를 풍미했던 사상가인 장자(莊子)는 "아무리 죽고 사는 문제가 크다 해도 생사는 변하지 아니하며, 천지가 무너져 없어진다 해도 인간의 정신은 잃지 않는다."라고 말했습니다.

남들이 모르는 고요한 곳에서 수련에 정진하는 이유는 나의 깨달음을 시끄러운 세상에 쓰기 위함입니다. 돈을 버는 일은 결핍에 쓰기 위함이며 깨달음을 얻고자 함은 고통을 외면하지 않기 위함입니다.

고통에서 어떻게 벗어나느냐 묻는다면 남의 도움이나 지식으로는 가능하지 않다고 하겠습니다. 진심으로 결핍과 고통에서 벗어나기 위해선 자신에게 닥쳐올 생사의 문제를 더 적극적으로 사유하고 해결할 수 있어야 합니다.

장자의 여러 이야기에서 자신의 안락함이나 대중의 존경 따위에 전혀 신경 쓰지 않았던 그의 독특한 성격을 봅니다. 그의 옷은 말로 다할 수 없이 남루했고 신발은 떨어지지 않게 끈으로 발에 묶어 끌고 다니는 모습이었지만, 장자는 결코 자신이 비천하거나 가난하다고 생각하지 않았습니다.

　　장자의 친한 친구가 부인의 상(喪)을 당한 장자를 조문하러 와서 보니 장자는 돗자리에 앉아 대야를 두드리며 노래 부르고 있었다고 합니다. 친구가 장자에게 평생을 함께 살았으며 자식까지 여럿 낳은 아내의 죽음 앞에 어찌 그리 태평스럽게 노래 부르며 앉아 있을 수 있느냐고 따지니 장자는 이렇게 말했다고 합니다.

　　　"아내가 죽었을 때 내가 왜 슬프지 않았겠는가? 그러나 다시 생각해보니 아내에게는 애당초 생명도 형체도 기(氣)도 없었네. 유(有)와 무(無) 사이에서 기가 생겨났고 기가 변형되어 형체가 되었으며 형체가 다시 생명으로 모양을 바꾸었다네. 이제 삶이 변하여 죽음이 되었으니 이는 춘하추동 사계절이 순환하는 것과 다를 바가 없다네. 아내는 지금 우주 안에 잠들어 있네. 내가 슬퍼하고 운다는 것은 자연의 이치를 모른다는 것과 같기 때문에 나는 즉시 슬픔을 멈추기로 했다네."

장자의 임종을 앞두고 제자들이 그의 장례식을 성대히 치르기 위해 의논하고 있을 때에도 장자는 이렇게 말하면서 그 의논을 중단하게 했습니다.

"나는 하늘과 땅으로 관을 삼고 해와 달로 연벽(連璧)을, 별로 구슬 삼아 만물이 나를 조문할 터이니 모든 것이 다 구비되었구나. 무엇이 더 필요하겠는가?"

이에 제자들이 깜짝 놀라 매장(埋葬)을 소홀히 하면 까마귀와 솔개의 밥이 될 우려가 있다고 말하자 장자는 이렇게 말했습니다.

"땅 위에 있으면 까마귀와 솔개의 밥이 되고 땅속에 있으면 땅속의 벌레와 개미의 밥이 된다네. 까마귀와 솔개의 밥을 빼앗아 땅속의 벌레와 개미에게 준다는 것은 공평하지 않다네."

이와 같은 장자의 언동을 보아 그의 태도는 삶과 죽음에 대한 깨달음과 직결되어 있음을 알 수 있으며, 장자는 인생의 모든 문제에 있어 끊임없는 수련으로 깨달음을 얻을 수 있다고 설파하였습니다.

삶과 죽음이 있어 우리는 비로소 완성되어가는 존재라고 생각합니다. 죽음은 우리의 삶을 가치 있게 만드는 중요한 덕목이며 누구나 맞게 되는 죽음의 본질을 이해하면 우리는 현실의 삶을 더 넉넉하고 풍요롭게 만들 수 있습니다. 죽음은 결코 삶의 끝이 아니기 때문입니다.

서양에서 전해 내려오는 이야기를 짧게 인용하겠습니다. 서서히 죽어가던 아버지가 슬퍼하는 아들에게 "씨 유 투모로우!"라고 말합니다. 슬픔에 잠긴 아들에게 아버지가 밝은 표정 지으며 "내일 봐!"라고 마지막 인사를 보여주는 건 죽음이 상징하는 어두움, 부모를 잃는 자식의 슬픔에 대한 긍정의 위로입니다. 마지막 시간에 편안한 모습으로 "내일 보자!" 라고 인사할 수 있는 건 '내일'이 남은 사람에겐 희망이기 때문입니다.

우리가 삶과 죽음의 문제에 직면했을 때 그것이 고통과 슬픔의 문제일 뿐 아니라 희망일 수도 있음을 인식하고, 좀 더 긍정하고 낙관하며 다시 만날 것을 기도할 수 있으면 좋겠습니다.

# 창조적 자아

누구나 자신의 내면에는 늙지 않는 짐승이 삽니다. 내 안의 그놈에게 잡아먹히지 않으려고 우리는 늘 애써야 합니다. 어떨 땐 그놈의 말을 받아쓰기도 하고 그놈의 이야기를 여기저기 내뱉기도 합니다. 우리에게 순응하길 바라는 그놈의 다른 이름이 바로 창조적 자아입니다.

창조적 자아는 사람의 행동을 이해하는 데 있어서 본능적으로 쾌락을 추구하는 존재로 인간을 설명했던 프로이드의 '성적 충동설'과는 달리 인간 내면의 '권력의지에 의한 공격적 충동설'을 주장한 아들러(Alfred Adler)가 자신의 개인심리이

론을 설명하면서 썼던 언어입니다.

프로이드가 주장했던 성욕과 쾌감의 원칙보다 사랑과 행복의 원칙을 더 강조한 아들러는 개인의 성격 형성은 유전이나 환경에서 발생하는 요인들보다 개인의 주관적인 결정에 의해 창조된다고 했습니다.

낮은 곳에서 높은 곳을 향하는 창조, 열등에서 우월을 향해 상향이동을 추구하는 창조를 말한 것인데, 개인의 성격은 대부분 주관적 선택에 의해 창조적 에너지가 만들어지는 것이라고 설명합니다. 달리 말하면 개인이 지닌 창조적 에너지가 개인의 본성을 결정하는 가장 중요한 요소라는 겁니다.

물방울은 곁에 있는 어떤 것이라도 끌어당기려 하고 그것에 몸을 대려는 특징이 있습니다. 그것은 물방울의 본질이며 동시에 인간의 본성입니다.

우리는 물방울처럼 주변의 많은 것들을 내 몸과 마음에 덕지덕지 묻히며 여태 살아왔습니다. 내게 묻은 것들 중 어떤건 내 영혼을 뒤흔들어 내면 깊숙이 품고 가꾸는 데 열중하게 하지만, 어떤 건 필요할 때 몇 번 쓰고 버리기도 하고, 어떤 건 습관적으로 쓰다 보니 처음부터 내 것이었던 것으로 여겨 알게 모르게 내 몸과 마음에 밴 것도 있습니다.

내게 온 것들 중 몇 번 쓰고 버리거나 습관적인 것들은 대체로 현실의 이익과 관련된 것이지만, 내면에 깊이 품어 삭히며 존재의 한계와 영혼의 세계를 각성하게 하는 건 바로 명상(瞑想)의 세계이자 기(氣)의 세계입니다.

현대인의 이기적인 일상의 토대를 명상으로, 기로, 종교로 영혼으로, 우주로 확장시키고 움직이도록 자극하는 에너지가 바로 창조적 자아입니다.

이제 우리는 내면의 울림을 외면하지 않고 그 명령에 따르는 것, 지치고 널브러진 자신을 곧추세워 맑고 순수한 걸 온몸으로 흡수하기 위해 노력하는, 무엇이라도 끌어당기려는 투명한 물방울처럼 창조적 자아를 사용해야 합니다. 그것이 물방울의 본질이며 동시에 양심과 본성을 일깨우는 소중한 가치일 겁니다.

일상의 소소한 감정에 얽매이지 않고 내면의 울림에, 영혼의 에너지에 충실해야 하는 이유는 생애의 성찰과 삶의 개선을 위해서입니다.

내 안에 늙지 않는 짐승이 여전히 살아 있고 자기혁신을 향한 소망이 남아 있다면 팔순도 청춘이지만, 그러하지 않다면 스무 살 청년도 즉시 노인입니다.

# 전쟁의 기억과 영적 체험

극도로 가난했던 시절 전쟁터에서 겪게 되었던 영적 체험과 각성에 대해 잠시 이야기하겠습니다.

낮은 생산수준과 이북의 군사적 위협에 대항하기 위해 미국에 기대어 전투력을 향상시키고 달러를 벌어들여 경제적 위기상황을 극복하려 했던 시대, 1965년 해병대에 복무 중이었던 나는 베트남 전쟁에 파병되는 1차 병력으로 가게 되었습니다.

느닷없이 파병이 결정되었을 때 부대원들은 하나같이 살아서 돌아오는 게 힘들 거라고 얘기했고, 암울했던 시대 부초처럼 현실을 떠다니던 방황의 시기에 밀림의 전쟁터로 간다는 건 가히 엄습하는 공포였으며, 다들 마치 죽음을 목전에 둔 듯 비장한 표정이었습니다.

부산항 제3부두 선창은 태극기의 물결과 생이별의 눈물이 만들어내는 아비규환의 풍경이었습니다. 막내아들이 만리타국 전쟁터로 끌려가는 것에 손 태극기를 흔들며 우시던 어머님, 그 슬픈 표정을 여태 잊을 수가 없습니다.

머나먼 뱃길에서도 전쟁교육은 계속되었고 미지의 땅에서 목숨을 대가로 뭘 얻을 수 있을까, 남의 나라에 와 죽는다면 그게 무슨 의미가 있을까, 온갖 상념에 시달렸으며 그나마 술이라도 마실 수 있는 날은 깊이 잠들 수 있었습니다.

내가 배치되었던 뚜이호아는 푸옌 성에 속하는 현(懸)으로 대부분 농업에 종사하는 농촌도시였으며, 메콩 강 델타지역, 홍강 델타지역과 함께 베트남 3대 곡창지대 중 하나였습니다. 인도차이나 반도의 등뼈에 해당하는 안남산맥의 지류는 거대한 열대 정글지역이어서 당시 베트콩의 주요 보급로이자 은신처였던, 요새 중의 요새라 할 만한 곳이었습니다.

이른바 '호찌민 루트'라고 했던 월맹군의 주보급로는 이러한 험난한 밀림 지형을 이용해 게릴라전을 전개하다가 불리해지면 산맥을 접한 국경을 넘어 라오스나 캄보디아로 스며들었다가 다시 역습하는 숨바꼭질 작전으로, 미군과 프랑스군이 그 엄청난 현대식 화력을 퍼부었음에도 결국 베트남전쟁에서 패하고 마는 가장 큰 요인이 되었던 곳입니다.

군수물자 수송에 중요한 전략적 거점이기도 했던 뚜이호아 해안에서 적의 침투를 막기 위해 해변 모래사장에 참호를 파고 고요한 해안선을 지키고 보초 서던 날, 밤새 여인의 슬픈 울음소리가 날 괴롭혔습니다. 이튿날 다른 대원에게 물으면 그들은 소리를 듣지 못했다고 했습니다.

적진을 관통해 물길을 타고 밀림으로 들어가 매복을 설 때는 그야말로 언제 죽을지 모르는, 촌음을 다투는 상황이었습니다. 낮에는 너무 더워 활동을 못하고 주로 야간에 상황이 발생했는데, 크고 작은 작전상황이 종료된 후 잠시 눈이라도 붙일라치면 난 어김없이 그 소리를 들었습니다. 미칠 것만 같은 시간을 보내며 그대로 있다간 당장 정신이 분열될 것 같은 고통에 시달렸습니다. 무시로 교전이 발생하고, 몇 시간 전까지 함께 담배 피우고 고향 이야기하던 동료가 눈앞에서 죽어 갔습니다.

때론 피로 범벅된 베트콩의 시신을 밟고 지나가야 했고, 삶과 죽음이 한 끗발 차이라는 현실을 받아들이게 되었을 때, 매일 내 귀를 울리던 그 소리가 어머님이 날 찾는 울음소리라고 생각했습니다. 그 후로도 극도의 긴장 상태가 되거나 죽음의 공포와 맞닥뜨릴 때마다 난 그 울음소리를 들어야 했습니다. 후에 귀국하여 들으니 내가 베트남으로 떠난 뒤 어머님은 단 하루도 빠짐없이 부둣가 석탄 공장 귀퉁이에 물 한 그릇 떠놓고 아들의 무사귀환을 기도하셨다 했습니다.

극한의 피로와 공포가 엄습하는 상황에서 겪은 일들, 꿈인지 생시인지 도무지 구분할 수 없는 여인의 울음소리, 미칠 듯했던 불면의 밤들. 지금 생각해보면 그것은 생사를 넘나드는 시간을 보내며 체험하게 된 영적 초월현상이 아니었을까 싶습니다.

베트남전쟁은 어디가 전선이고 어디가 휴전선인지, 어디가 사람 사는 곳이고 어디가 죽는 곳인지 경계가 없었습니다. 적은 어디에서나 나타났고 어디에서든 콩 볶듯 퍼붓다 급속히 사라졌습니다.

베트남을 관통하는 1번 도로를 끼고 북쪽의 다낭을 시작으로 꾸이년, 봉로 만, 냐짱, 깜라인 만 지역은 곡창지대를 낀, 생필품과 군수물자를 수송하는 동맥과도 같은 곳이어서 피아간의 항만쟁탈전은 치열할 수밖에 없었습니다. 특히 악명 높았던 혼바 산 전투에서는 피아 구분 없이 도처에 널린 수많은 시체를 보면서도 묵묵히 견뎌야 했습니다. 온통 피투성이에다 그 기괴한 표정들, 목이 잘렸거나 짓이겨진 참혹한 얼굴들은 지금까지도 문득문득 떠오르곤 합니다. 시신을 수습하기 어려운 밀림 속 전투에선 목을 잘라 수습하거나, 수습할 시신이 너무 많을 땐 귀를 잘라 기름에 튀겨 피가 다 빠진 상태로 굴비 엮듯 줄에 매달아 돌아오면 그건 전리품이 되었습니다.

밀림지대라 보급품이 제시간에 닿지 못하면 부대원 전체가 곤란을 겪는데, 보급품을 실은 헬기가 오면 가끔 격렬한 총격전이 벌어지기도 합니다. 목숨이 경각에 처한 전쟁터에서도 먹는 일은 한시도 포기할 수가 없는 것이었습니다. 지천으로 시신이 널린 전쟁터, 밤이면 인(燐)불이 히뜩거리는 밀림 속에서도 모두 먹으려고 애를 썼습니다.

식민지 시대, 대륙의 곳곳을 휘저었던 마적단 두목을 람빠라 했는데, 그들은 실제 포로의 몸을 토막 내어 고아 먹기도 했다 하니 지성이나 인격이란 몇 끼만 굶어도 작동되지 않는 것이며 도덕이나 양심은 전쟁터에선 꿈도 꾸지 못할 가치라는 걸 증명했습니다.

상대를 죽여야 내가 사는 전쟁터에서는 인간의 존엄은 유희로 전락하고, 영화에서나 볼 수 있을 진풍경이 오히려 일상이었습니다. 그런 중에도 여전히 내겐 어머님의 환영과 환청이 계속되었고 나는 그 극심한 어지럼증을 견디고 그곳에서 살아남아야 했습니다.


그 아수라의 지옥에서 살아 눈물로 떠났던 부산항에 입항하게 되었을 때, 살아서 고향에 돌아왔다는 기쁨이 잠시 몸을 휘감기도 했지만, 이미 내 몸과 마음은 밥풀로 얼기설기 붙여놓은 유리조각 같았습니다.

귀국 후 나는 거의 15년을 전쟁 트라우마에 시달려야 했습니다. 시도 때도 없이 가슴이 답답하고 호흡이 곤란해져 바닥을 엉금엉금 기어야 했으며 양·한방 민간요법 할 것 없이 병원을 찾아다녀야 했고, 잠을 이루지 못해 밤마다 술에 의존해야 했습니다.

병원에서 처방해준 약을 먹으면 몸이 행주처럼 늘어져 어떤 일에도 집중할 수 없는 지경이 되었고, 급기야 호흡곤란의 고통 속에 아른거리는 끔찍한 기억에 사로잡혀 몇 번 자살을 시도하기도 했습니다.

스스로 몸과 마음을 일으키는 데 철저히 실패한 후 내가 할 수 있는 최후의 방법이라 굳게 각오하고 고향 가까운 황매산으로 들어가 기도생활을 시작했습니다.

황매산은 소백산맥의 몇 안 되는 고봉으로, 산청과 합천을 넓게 둘러싼 영남의 소금강으로 불리는 산입니다. 북쪽 비탈면은 황강(黃江) 지류들의 발원지이기도 하고 철쭉 군락과 무지개터, 순결바위, 국사당 등 볼거리가 많은 산입니다만, 당시 내게는 망가진 몸과 마음을 치유하지 않으면 안 되는 절체절명의 각오로 선택한 마지막 지점이었습니다.

적막한 암자생활을 시작하자 이내 살이 빠지기 시작했습니다. 먹는 양은 줄고 호흡곤란이 불식간(不識間)에 습격하는 증세가 잦아지면서 이대로 죽을 수도 있겠다 싶을 만큼 심신이 허약해졌습니다.

불교경전, 라즈니쉬, 크리슈나무르티, 종교다원주의, 인도 관련 인문학, 수련서 등을 읽으며 열심히 기도했습니다. 가벼운 운동과 함께 호흡곤란을 느낄 때마다 울컥울컥 참다 내쉬는 호흡법에 자연스레 적응하기 시작했습니다.

그간 혼미했던 의식과 현실의 방황, 내게 닥친 고통의 근원을 내밀한 상상을 통해 비로소 하나둘 느끼기 시작했습니다. 물과 공기와 바람 그리고 하늘과 땅의 신비와 그 신비를 감싸고 있는 무수한 신령의 에너지를 깨달으며 기(氣)의 세계로 파고들기 시작했습니다.

내 일생 가장 간절했던 시간, 나는 내 몸과 마음을 치유해야 했고 세상을 새로이 보고 해석해야 했습니다. 그리고 어떤 이론과 과학으로도 설명하지 못하는 나만의 세계에 젖어들어야만 했습니다.

암자 뒤 바위에 앉아 상상으로 구름을 흔들면 구름이 흩어졌으며 수백 년은 되었을 거대한 고목의 밑둥치를 부여잡고 흔들면 잎이 우수수 떨어졌습니다. 간절한 믿음과 상상만으로도 기를 움직일 수 있다는 걸 자각하게 되었고, 내 안의 무의식에 잠재된 영적인 힘을 탐구하는 일에 진력을 다했습니다.

　　비로소 기(氣)는 단순한 공간적 개념이 아니라 온 우주와 나를 감싸고 간섭하고 긴장하는 에너지이며 절실한 믿음의 산물임을 알게 되었습니다.

　　내 전(全) 인격을 관통했던 어머님의 눈물, 끔찍한 전쟁의 기억들, 혼미한 내 사랑과 희망을 습격했던 트라우마는 서서히 소멸되기 시작했습니다.

# 순례의 땅, 북인도

　인도 북부 갠지스 강 중류에 위치한 바라나시는 힌두교도 들이 가장 신성시하는, 인도에서 오래된 도시 중 하나이자 불 교도나 자이나교도에게도 성지로 꼽히는 곳입니다. 두 강 바 루나(Varuna)와 아시(Asi) 사이에 자리하고 있다는 데서 도시 의 이름이 유래했으며 산스크리트어로 바라나시는 '신성한 물을 차지하다'란 뜻입니다.

　힌두교 최대의 성지로 1,500개가 넘는 힌두교 사원이 있 는 바라나시는 갠지스 강을 끼고 기원전부터 도시를 형성해 온 고도(古都)입니다. 북쪽에서부터 강물이 흘러들어 오는 서쪽 지역을 신성한 지역이라 하여 힌두교도들이 매일 아침 이곳에서 해가 뜨는 동쪽을 보며 기도합니다.

힌두교의 정신적·신학적인 중심지로 산스크리트 대학, 바라나시 힌두대학이 있고, 보석 가공과 같은 전통 수공업이 발달하여 무수한 순례자의 눈길을 끕니다. 강 연안에는 순례자를 위한 가트(목욕탕)가 줄지어 늘어서 있으며, 힌두교·불교·자이나교의 경전과 제례 소품을 파는 상가가 밀집되어 있는 곳입니다.

성스러운 죽음을 맞기 위해 전국 각지에서 바라나시로 모여드는 힌두교도를 생각하면, 그 성지에 발을 딛기 위해 그들이 얼마나 먼 길을 왔는지, 절로 옷깃을 여미게 됩니다. 한 번씩 다녀가는 관광객과 순례자들은 물론이거니와, 노구의 육신을 끌고 5년, 10년을 바라나시에 와서 매일 강물에 몸을 씻으며 생애의 마지막을 맞이하고자 하는 힌두교도에게 갠지스 강은 그야말로 영혼의 강이자 보속의 강이고 영광의 강이 아닐 수 없습니다.

황매산에서 내려온 나는 우여곡절 끝에 당시 부산의 망미

동 비탈진 곳에서 작은 목욕탕을 시작하게 되었습니다. 아내와 함께 운영하던 학원과 물물교환 형태로 인수하게 된 몹시 낡은 목욕탕이었는데, 여기저기 물이 새고 수리할 곳이 많아 초기에 무진 애를 먹었습니다.

게다가 함께 상주했던 보일러 기사 부부는 걸핏하면 술에 취해 다투거나 실수투성이였고, 그런 사람을 데리고 고장 잦은 목욕탕을 고쳐가며 운영하는 일은 수입의 대소를 떠나 나로선 참으로 죽을 맛이었습니다.

온갖 고생을 다해 신장개업을 한 지 일주일도 채 되지 않았을 때, 근원을 알 수 없는 자력에 이끌린 쇠붙이처럼 나는 훌쩍 인도로 가는 비행기에 몸을 실었습니다. 지금 가만히 그때를 회고해보면 사는 게 별로 재미가 없었던 것 같습니다. 여느 사람들처럼 확고한 희망이나 목표를 지니고 있어도 살기가 녹록지 않았을 시절인데, 매일 낡은 목욕탕 고치느라 극심한 스트레스에 시달리다 겨우 모양을 좀 갖추게 되니, 내 머릿속은 머리카락 수북한 수챗구멍처럼 어지럽고 냄새나고 정돈되지 못한 상태가 되었습니다. 산다는 게 희망일 텐데 지금 생각하면 당시에는 그 어떤 기쁨이나 희망도 없었습니다. 무시로 어떻게 하면 편안히 죽을까 생각하며 버티다가 그렇게 도망치듯 떠난 것 같습니다.

먼저 인도 북부지방을 순례하던 중에 4,000m쯤의 히말라야 중턱을 오르기도 했는데 그곳에서 나는 구루(guru)들을 만났습니다. 야윈 몸, 부릅뜬 눈, 남루한 옷차림, 그러나 지혜와 지식을 깨우친 현자(賢者)들. 소집단으로 모여 생활하며 지식과 깨달음을 설파하는 사람들. 구루는 구루만의 지식을 상호 공유할 수 있는 구루 집안과 통교(通敎)하고 통혼(通婚)하는 경우가 많습니다. 그들은 요가(yoga), 탄트라(tantra), 바카티(bhakti) 등 높은 경지의 수행을 거쳐, 문명으로 비롯된 속박을 벗어나고자 하는 힌두교의 영적 스승이기도 합니다.

최근 인도에 유입된 서구 문물 가운데 유난한 부분이 기독교의 보급인데, 전통의 종교와 충돌하는 경우가 많습니다. 10년 전쯤에 인도 동부 오리사 주에서는 힌두교의 구루가 피살되는 사건이 있었는데, 그것이 기독교인들에 의한 행위로 보도되자 격분한 힌두교도들이 기독교도의 마을을 습격하여 마을을 불태우고 사망자만 수십 명이나 되는 충격적인 사건이 발생하기도 했습니다.

현대에 와서 많은 사람들이 건강과 미용 도구로 알고 있는 요가(yoga)는 사실 고대 인도로부터 전해 내려온 수련법으로, 특유의 자세와 호흡법, 명상을 통해 초자연적 잠재능력을 일깨우는 구루들의 중요한 수행 방법이었습니다.

히말라야 중턱에서 만난 구루들은 검게 탄 피부, 튀어나온 광대뼈, 피골이 상접한 어깨와 가슴, 투명한 눈빛, 남루한 외투를 입고 몹시 느리게 걸으며 전신을 한결같이 천천히 움직였습니다. 그들을 따르며 걷던 난 끊임없는 생각에 사로잡혔습니다.

고산지대의 기압도 그렇지만, 에너지 소모를 생각해도 빠를 필요가 눈곱만큼도 없는 곳이니 천천히 걷다가 한 사람의 구루가 뒤에 남아 바위에 기대면, 누구도 그에게 가자고 보채거나 일어나라고 말하지 않았습니다.

홀로 남아 가만히 눈을 감고 기대어 누운 구루. 그는 살았으나 죽은 듯했고, 주변의 바위, 나무, 길, 언덕, 하늘과 다를

바 없이 고요한 상태였습니다. 나는 그 상태를 침묵이나 평화
라기보다 합일(合一)이라고 보았습니다. 나무처럼 제자리에서
미동도 하지 않으니 벌레나 새가 그의 몸에 기대어 쉬어도 자
연스러운 일이라고 생각했습니다. 그 합일은 인간과 자연의
합일이며 운동과 정숙의 합일, 물(物)과 공(空), 삶과 죽음의
합일이었습니다.

작은 미니버스를 타고 갠지스 강의 상류로 오르며 본 인도
북부의 풍경은 끝없는 산과 산이었습니다. 고산증에 대비해
약을 먹긴 했지만, 3,000m쯤 되니 점점 호흡이 짧아지고 머
리에 쇳덩이를 하나 집어넣어 둔 듯 묵직한 두통과 현기증이
일어 내 뜻대로 발걸음 옮기기도 힘들었습니다.

갠지스 강의 발원지 강고트리(Gangotri)의 빙하에서 흘러내
린 물은 인도 북부를 가로지르며 바라나시를 거쳐 벵골 만에
이릅니다. 갠지스 강이 만든 오랜 역사와 고대문명의 농경, 정
착을 가능하게 했던 드넓은 곡창지대의 거대한 사원들은 전
세계 순례자의 눈을 붙들었고, 끝없는 설산 히말라야 아래에
걸터앉은 이 나라야말로 정녕 신들의 땅임을 느끼게 하였습

니다. 강고트리에서 가우묵에 이르는 길, 순례자의 숙소가 있던 보즈바사에서 바라본 히말라야는 신들의 영원한 거처로 보였습니다. 봉우리마다 신화가 있고, 갠지스가 되기 이전의 강에도 전해오는 신화가 있었습니다.

몇 해 전 여행 중에 만난 인도인에게 4대 성지라 하는 강고트리(Gangotri), 야무노트리(Yamunotri), 케다르나트(Kedarnath), 바드리나트(Badrinath)를 순례한 이야기를 했더니 그는 깜짝 놀라며 나에게 예를 갖추어 절하기도 했습니다.

인도 대마초라 불리는 하시시와 축제 이야기를 잠깐 하겠습니다. 하시시는 시바 신이 즐겼다는 풀로, 일종의 대마초 같은 것인데, 인도 사람들은 담배 사이에 가루를 넣거나 주로 파이프를 이용하여 피웁니다. 개인차는 있지만, 일시적으로 식욕이 증진되기도 하고 감각이 예민해지며 의식이 몽롱해지는 효과가 있습니다. 집중력을 높이기도 해 한때 열악한 노동 현장에서는 기능공들에게 이 담배를 제공했다고도 합니다.

전쟁의 참상과 기억, 어찌할 수 없었던 어머니의 고난과 눈물, 심각한 외상 후 스트레스, 극심한 우울증과 몇 번의 자살

시도, 희망이라곤 눈곱만큼도 보이지 않았던 시기에 탈출하다시피 갔던 북인도에서 어느 날, 숙소로 가던 중에 마을 청년이 권하는 하시시를 조금 사서 피워보았습니다. 인도나 네팔에 가본 사람은 알겠지만, '하시시 성자'라는 말이 있을 정도로 주민과 순례자들 중에는 하시시를 피우는 사람이 많았는데, 깔끔하게 잘 만든 건 그런대로 좋았지만, 머리가 아프고 구토를 유발하는 저급품도 있습니다.

담배 사이에 넣어 한 대 피우고 나면 마치 술 몇 병을 마신 듯이 취해서 쉬 잠들거나 끝없는 각성(覺性) 상태로 신인조화(神人調和)의 존재가 되는 느낌을 받기도 했습니다.


인도는 달력이 빼곡할 정도로 수많은 축제가 열리는 나라입니다. 계절이 바뀌거나 무수한 신을 기념하는 종교적인 날, 각 지역의 특산물이나 문화적인 특성을 살려 도처에서 화려한 축제가 열립니다.

인도를 여행하면 짧은 기간이라도 한번은 어떤 축제와 만나게 되는데, 크고 작은 사원에서 기도하는 사람들, 화려한 색상으로 치장한 노점의 행렬, 바삐 오가는 주민들과 전 세계

에서 찾아온 관광객의 웅성거림으로 불야성을 이루는 풍경이
이어집니다.

종교적인 축제에서 신의 모습을 한 사제들과 신자들의 행
렬, 그리고 거리를 가득 메운 사람들을 보면, 종교는 인도인
의 생활이 되었으며 검소한 신앙생활을 모두가 기쁘게 받아
들이고 있음을 알게 됩니다.

마을마다 도시마다 축제의 일정은 힌두력에 의해 결정되므
로 해마다 그 날짜가 달라지기도 하는데, 축제에 참여하고 진
심으로 즐기는 사람들의 표정에서 가난해도 기쁨에 충만한
그들의 일상을 느끼게 됩니다.


인도의 지형은 히말라야 산맥의 부채 같은 자락을 낀 북
부고산지대, 인더스 강, 갠지스 강을 끼고 고대로부터 문명이
꽃피었던 곳이며 현대적 규모의 도시와 고대 사원들이 잘 어
울린 대평원지대, 인도양 방향으로 거대하게 뻗어 내린 반도
형 고원지대, 그리고 인도의 바깥을 둘러싼 해안과 도서 지역
으로 구분합니다.

그중 히말라야 산맥을 경계로 인도 북부에서 기초한 독특

한 정신문화와 종교적 전통은 인더스 문명과 베다 문명이라는 서로 다른 종교적 전통의 결합으로 힌두교의 근원이 됩니다. 그리고 타 종교와는 달리 신에 대한 믿음의 정도, 신성(神性)을 따르는 생활 방식과 문화, 오랜 세월 축적된 종교적 관습 등은 인도문화의 모든 것을 의미합니다.

오늘날 소수의 교도를 가지고 있는 이슬람교, 불교, 자이나교를 제외하면 힌두교는 곧 인도이며 힌두교에 대한 이해 없이 인도를 이해하는 것은 불가능합니다.

고대국가 형성기부터 아리아족의 베다 문명과 드라비다족의 인더스 문명이 결합하면서 만들어진 힌두교 문화 탓에 인도에는 셀 수 없이 많은 신이 있습니다. 힌두교는 신에 대해 매우 관대하며 수많은 신은 결국 하나라고 말합니다. 즉, 수많은 신을 받아들이면서 동시에 그 많은 신들을 하나의 종교적 원리로 이해하는 겁니다.

2,000~3,500m 정도의 히말라야 끝자락에서는 작은 집을 지어도 몇 년에 걸쳐 원하는 형태로 조금씩 느리게 지었습니다. 가우묵으로 가는 길목에서 보았던 집은 몇 해 뒤에 갔을 때에도 완성되지 않고 있었습니다. 아마도 시간과 노동력의

효율성보다 그들 특유의 정신적인 움직임이 크게 작용하는
듯했습니다.

바라나시로 시작하여 인도 이야기를 하다 보니 끝 간 데
없이 이야기가 흘러갑니다. 전쟁 이후 끊임없이 고통스러웠던
내 육신과 영혼은 북인도를 순례하면서 사유의 방향이 바뀌
고, 현실을 제대로 인식할 수 있게 되었습니다.

성장기에 많이 아팠거나 고통을 참고 견딘 사람일수록 신
앙생활과 수련을 통해 누군가를 치유하는 힘이 더 커집니다.
그것은 죽음을 넘나드는 행군을 마친 후 영적으로 '개선하는
전차'가 되어본 사람만이 어느 생애에 드리운 슬픔과 고통을
어루만질 수 있는 에너지를 지니게 되기 때문입니다.

히말라야 중턱의 구루들이 그러하듯, 춘하추동, 이목구비,
동서남북, 이것은 사람과 하늘의 본질이며 하늘의 격이 자연
의 격을 닮고 자연의 격은 인간의 격과 닮는 이치와 같습니다.

하늘엔 북두칠성이 있고 땅에는 곤륜산(崑崙山) 일곱 봉우
리가 있으며, 우리 얼굴의 눈, 코, 귀, 입을 닮은 대자연이 있

습니다. 하늘에 오운육기(五運六氣)가 있으니 땅에는 오대양 육대주가 있고 사람에게 오장육부가 있듯 말입니다.

곤륜산은 대륙의 신화나 전설에 나오는 여러 낙원들 중 가장 영험이 강한 신선들의 땅이라 일컬어지는 곳입니다. 곤륜은 혼륜(渾淪), 즉 카오스(혼돈)를 뜻하는데 세상의 중심인 대륙의 위대한 힘이 이 산에서 시작해 흐른다고 고대인들은 생각했습니다. 이 산의 꼭대기는 북극성과 마주 보고 있어 우주의 중심이라고 믿었으며 그 에너지가 히말라야를 만든 후 남으로 뻗어 내린 게 인도이고 동으로 장백과 백두를 만들고 뻗어 내린 게 한반도라고 믿었습니다.

이처럼 고대로부터 전해온 이른바 풍수(風水)라는 지리학은 땅의 '기(氣)'를 고찰하는 매우 오랜 대륙의 철학사상입니다. 집터나 묘를 잡을 때 기의 흐름인 용맥(龍脈)을 찾아 길상(吉相)을 일러주는 걸 직업으로 삼은 풍수사들은 인체의 경락처럼 대지를 종횡으로 흐르는 용맥의 원천, 즉 '기'의 원류가 모두 이 곤륜산에서 시작된다고 믿었습니다.

성지 바라나시로 시작해 신화 속 곤륜산 이야기까지 하려니 끝이 없습니다. 맹자는 하는 일 없이 일하는 게 하늘이라 했는데, 하나의 근본이 만 가지가 되고 만 가지가 하나인 것, 하늘에서 왔다가 땅을 거쳐 하늘로 다시 되돌아가 몸을 바꾸어 다시 땅으로 오는 걸 윤회(輪廻)라 했습니다.

현실의 삶에 있어 절대적 영원이란 없으며 그것은 지은 대로 받는다는 '자업자득'의 전통사상에 뿌리를 두고 있습니다. 바라나시를 향하는 순례자들은 어쩌면 현실의 땅을 벗어나 하늘로 돌아가려는 것인지도 모릅니다.

# 2부

# 무의식

사람의 내면과 일상 사이에는 새로운 것과 맞닥뜨렸을 때 막연한 두려움, 막연한 증오, 막연한 욕망과 같은 경계가 생기는데, 생애를 통해 온갖 경험으로 누적되었을 억압된 본능 탓에 자신도 모르게 형성된 그 경계의 내부를 무의식이라고 합니다.

무의식을 얘기할 때는 주로 개인의 경험과 억압을 말하지만, 어떤 종족(種族) 혹은 집단(集團)이 오랜 세월을 통해 반복 체험한 게 누적되어 종족 구성원 전체가 일정한 경향성을 공유하게 된 무의식을 집단 무의식이라고 합니다.

어떤 이끌림이나 강렬한 자각에 의해 수련에 임하는 사람은 무의식의 세계를 강하게 만들고 내면의 에너지를 충만한 상태로 만들기 위해 노력하는 사람입니다. 그러기 위해선 우선 마음에서 부지불식중(不知不識中)에 새어나오는 신의 소리 또는 에너지를 듣고 느끼려고 애써야 합니다.

　눈에 보이는 게 전부가 아니라고 누구나 말하지만, 실제로 우리 눈에 보이는 세상은 전체의 30퍼센트도 채 되지 않을 겁니다. 눈에 보이지 않고 들리지 않는 존재, 정신 차리고 가까이 다가가려고 해도 늘 알 수 없었던 존재, 내 안에 숨어 있어 나도 잘 모르는 존재, 그러나 내가 힘들고 절실할 때, 불면의 밤을 지새우며 눈물로 기도할 때 나도 모르는 사이에 나의 물음에 답하는 존재, 내 초라한 영혼에 힘을 주는 존재, 무너진 나를 일으키려고 애쓰는 무의식이란 존재, 위험으로부터 나를 보호하려고 애쓰는 그 에너지를 깨닫기 위해서는 우선 일상의 욕망을 줄여야 합니다.

　어떤 색도 다른 색과 어울려야 아름답습니다. 검은색을 하얗게 만들려고 아무리 애를 써도 회색은 가능하지만 하얗게 되지는 않습니다.

마음이 준동하는 중에도 가능한 한 욕망을 줄여 자기 고유의 색을 겸손하게 유지하는 것이 투명한 무의식의 세계를 만나는 첫 순서입니다.

지식은 버리면 버릴수록 본성에 가까워지며 욕심은 버리면 버릴수록 무의식이 강해집니다. 그래서 자기 자랑이나 교만은 자신을 깨어지기 쉬운 유리잔처럼 만드는 몹시 어리석은 행동입니다. 쿠바의 속담에 '마음이 가난하면 허풍이 는다.' 라는 말이 있는데, 교만은 주로 눈앞의 이익을 좇으며 자기만 아는 사람이 지닌 좋지 못한 품성입니다. 걸핏하면 타인의 곤란이나 단점을 말하며 험담을 늘어놓거나 타인의 고통을 더 고통스럽게 만드는 사람, 가능한 한 자신을 드러내기 위해 잠시도 떠드는 걸 쉬지 않는 사람과는 도무지 희망을 계획할 수도 없고, 큰일을 제대로 치를 수도 없다는 게 동서양의 오랜 훈육이자 이치입니다.

뭐든 멀리 떨어져서 보아야 전체를 잘 볼 수 있듯 가능한 한 넓고 멀리 볼 수 있어야 자기 존재의 위치를 바로잡을 수 있으며, 자기 안에서 울리는 무의식의 파동에 영향을 받게 됩니다. 따라서 자기반성과 겸손은 수련의 첫 과제이며 무의식을 강화시키고 사람을 크게 쓰려는, 보이지 않는 신의 뜻임을 이해해야 합니다.

난세에 영웅이 나듯, 어려울 때일수록 욕심을 버리고 겸손하게 마음의 소리에 귀를 기울이면 저 깊은 곳에서 내 영혼을 향해 속삭이는 신의 소리, 그 놀라운 에너지를 느낄 수 있습니다.


경남 내륙의 지리산 자락, 당시 부농이었던 외갓집에 집사로 오셔서 어머니와 결혼하신 아버지, 그 무르팍에 기대었던 아득한 찰나의 기억이 아버지에 대한 유일한 기억입니다. 두 살 때 돌아가신 아버지에 대한 기억은 거의 없었지만, 홀로 남아 5남 3녀를 키우셨던 어머니의 생존을 건 슬픔과 눈물을 보고 자란 탓에 아버지에 대한 막연한 증오가 내 무의식에 차곡차곡 쌓였던 듯합니다.

결혼 후 갑작스레 사고로 딸을 잃고 무한의 슬픔과 자책으로 침몰의 암흑을 헤맸던 시간, 당혹스러움의 연속이었던 현실 속에서 힘겹게 수련에 임하며 아버지를 향한 막연한 증오와 죽음에 대한 이끌림을 겨우 떨쳐버릴 수 있었습니다. 서른 살쯤 되었을 때 제사를 모시며 자연스럽게 그 존재의 부재와 결핍의 근원을 깨닫게 되었는데, 그건 성장기 내내 보았던 어머니의 눈물이었습니다.

무의식의 세계에 심어둔 싹은 반드시 자라서 모습을 드러냅니다. 살면서 강한 의지를 바깥으로 표현하면 할수록 대체로 내면은 위축되고 초라해져 무의식의 세계에 두려움만 축적됩니다.

무의식에 축적된 두려움, 증오, 욕망이 커져갈수록 현실감각은 떨어져 생활환경과 무시로 충돌을 일으키게 되는데, 무의식의 세계에 축적된 내용은 무의식 안에서 소멸되는 것이 아니라 언젠가는 집착과 소유, 포기나 초월의 형태로 나타납니다.

무의식의 세계는 바다와 같습니다. 바다는 어떤 이물질이 들어왔을 때 그것을 머금고 그대로 있는 것이 아니라 스스로 정화해 밖으로 내보내려는 성질이 있습니다. 무의식의 세계에 축적된 것들도 환경과 조건이 갖추어지면 반드시 현실세계로 표출되는 성질을 갖고 있습니다. 그리고 무의식이 품은 에너지는 진퇴양난의 곤란에 처했을 때 부지불식중에 터져 나옵니다.

무의식에 내재한 신성(神性)은 오직 믿음과 수련을 통해 합목적성(合目的性)을 갖게 되고, 나와 내 주변이 균형을 유지하도록 하며, 때론 놀라운 치유의 에너지로 작용하기도 합니다.

# 기(氣)

물질계(物質界)에서 기는 하나의 물질이고 에너지입니다. 서양의 근대 과학자들 중에 보이지 않는 건 존재하지 않는 것이라고 주장한 사람도 있었지만, 그건 근대 과학의 무지 탓이었습니다. 기는 측량하지 못하는 에너지이기 때문입니다.

허준은 『동의보감』에서 기즉신(氣卽神), 즉 신즉기(神卽氣)라고 했고 『황제내경』의 '천원기대론'에선 "5운(運) 6기(氣)가 만물에 주는 변화는 신묘불가사의라 짐작할 수 없다. 그래서 이걸 신(神)이라 한다."라고 썼습니다.

귀신 '신(神)' 자를 풀이하면 보일 시(示)에 환할 신(申)이라는 뜻이 있는데, 신은 우주를 환히 비추고 만물의 움직임을 볼 수 있는 존재임을 의미합니다. 산 몸에 내재한 신은 정신(精神)이며, 몸이 없는 신은 귀신(鬼神)입니다. 기즉신(氣卽神)이라고 했으니 기(氣)가 움직이면 산(生) 것이고 기가 멈추면 죽은(死) 것입니다.

모든 사물은 고유의 파동을 갖고 있는데, 이것을 고유진동수(固有振動數)라고 하며 파동은 그것에 응집된 에너지의 결과입니다. 사람 또한 고유한 파동이 있으며 그 파동의 중심에는 의식이 있습니다. 그 사람의 의식에 따라 파동도 달라져 의식이 낮으면 파동이 낮아지고 의식이 높으면 파동도 높아집니다. 사람들은 각기 고유의 파동의 차이로 인해 불행과 행복, 불화와 평화를 느끼며 그것을 운명처럼 받아들이고 살게 됩니다.

각자 지닌 에너지의 총합인 파동을 수련으로 조정하고 변화를 추구할 수 있다면 사람의 운명도 변화 가능합니다. 사람이 지닌 파동의 차이는 모두 마음에서 시작하고 삶 속에 축적되는 언어와 행동으로 고착화하면서 발생하므로, 자신의 품성을 가꾸지 않고 진실한 믿음을 유지하지 않으면 자신의 운명을 피하기 어렵습니다.

자신이 지닌 파동이 오래되고 낡은 파동이라면, 일상 속에서 정체되고 고착화한 환경을 만들어내는 데 익숙해져, 새로운 가치와 변화를 배척하는 기로 충만해져 근원을 알기 힘든 육신의 병과 정신의 피폐함에 시달리게 됩니다. 이렇게 고착화한 기는 이끌려 다니는 것과 같아서, 맑고 신나는 일상을 유지할 수가 없습니다.

신은 압축된 생명 정보의 핵심이며 그 정보의 핵심을 감싸고 있는 것이 기입니다. 정보란 그냥 독립적으로 던져져 있는 것이 아니라 화학적 성질에 기가 작용하면서 비로소 정보의 핵심은 인간의 삶에 영향을 미치게 되며 그걸 신이라 하고 신의 에너지를 기라고 합니다. 신 이전의 혼(魂)과 영(靈)이라는 것에도 기가 강하게 영향을 미치면 생명 정보가 충만한 신의 세계로 발전합니다.

보였다가도 보려고 하면 보이지 않으며, 부지불식중에 운동하니 예측할 수 없고, 측량할 수 없다고 과학이 외면했던 기에 대하여 현대 물리학은 '제 3의 물질'이란 이름으로 그 세계에 접근 중입니다.

기는 신을 만나기 위해 달리는 인간의 진실과 간절함이 표현된 다리[橋梁]와 같은 것입니다. 입을 크게 벌리고 통음하듯 상상의 세계를 입 속으로 가져와 간절히 염원하면 기를 움직여 신의 세계에 닿게 됩니다.

신은 자기를 찾아주기 바라지만, 사람들은 자신이 만든 문명의 외피만큼의 굴레에 갇혀 살기 때문에 특별한 각성이 없으면 신을 찾지 않습니다. 신은 언제나 우리 곁에 존재하나 사람들과 떨어져 있을 수밖에 없는 이유는 사람들이 신에게 다가가려고 하지 않기 때문입니다. 인간은 기를 이용하여 비로소 신을 만날 수 있으므로 기는 신을 만나는 다리고 척도입니다.

이 사회는 유교적 영향과 물질만능의 시류 탓에 사회적 위신과 체면을 중시하고 신과 만나려는 인식과 간절함이 부족한 사회입니다만, 인도와 같이 정신세계의 중요함을 강조하는 전통에서는 신과 인간의 경계를 넘나드는 일상의 구도자가 많습니다. 부처님이든 하느님이든 어떤 신이든, 간절히 기도할 때 응답 받을 수 있는 건 내가 지닌 에너지의 총합을 기울일 때입니다.

우주의 전기력이 한곳에 모여 떨어지는 것이 벼락인데, 벼락도 엉성한 밀도를 지닌 나무에는 잘 떨어지지 않습니다. 주목이나 대추나무에 벼락이 떨어지는 것은 그만큼 밀도가 높기 때문이며 간절한 기도에 보이는 신의 응답은 그 간절함이 강하고 밀도가 높기 때문입니다.

톱도 들어가지 않는 단단한 나무의 응집처럼 어떤 사념도 욕망도 배제된 간절한 기도만이 공간을 가르는 운동력을 지니게 되는 것입니다. 젖 먹던 힘까지 동원해야 하는 강렬한 응집, 그 간절함이야말로 신의 세계를 만나는 태도, 즉 기의 궁극일 것입니다.

인간은 가장 고등한 생명체이며 기를 움직이는 힘이 가장 강한 존재입니다. 사람을 향해 기가 맨 먼저 반응하는 곳은 정신(얼)과 모양(꼴)을 드러내는 얼굴입니다. 그래서 우리는 첫인상만으로도 그의 정신적인 밀도와 생명 정보를 얼추 짐작할 수 있습니다. 잘살고 못사는 게 그 사람의 꼴에 드러나는 건 그의 기 때문입니다.

거대한 삼각뿔의 형태인 피라미드의 경우 높이 3분의 2 지점이 물리적으로도 심리적으로도 가장 안정된 곳이며 기의 밀도가 가장 높은 곳입니다. 피라미드를 통해 고대 이집트인들은 신과 만나는 모양(꼴)과 위치를 파악하고 있었으리라 생각합니다.

기는 색에 반응합니다. 세상을 덮은 하늘과 바다가 푸른 것은 위대한 창조자의 생명의 의지를 뜻합니다. 사람이 만들거나 표현하는 모든 색은 고유의 파장이 있으며 그 파장에 노출된 사람에게 직접적인 영향을 미칩니다. 충동적인 사람은 충동적인 색에 이끌리며, 부드럽고 온순한 사람은 따뜻한 색에 이끌리는 법입니다.

기는 소리에 반응합니다. 살아 있는 소리인가 헛소리인가를 구분할 때, 그것이 믿음을 지닌 선한 소리인가, 욕심을 숨

긴 소리인가로 봅니다. 믿음이 내는 선한 소리, 좋아져라 하면 좋아질 것이고 행복하라고 하면 행복해질 것입니다. 간절히 염원하고 그 염원으로 외치는 선한 소리는 기를 원하는 곳으로 전달할 수 있습니다.

기는 의지에 반응합니다. 간절히 염원하고 무엇인가를 하겠다는 분명한 의지와 각성은 자신이 처한 일상을 바꿉니다. 아내와 자식을 사랑하며 평화롭게 살 것을 염원하는 가장의 의지. 혹은 환자의 경우 육체적 고통을 이기기 위해 간절히 기도하고 노력하면 회복할 수 있습니다. 기는 나의 삶을 둘러싼 만물의 순리를 움직이는 가장 근본적인 운동 에너지이기 때문입니다.

끝으로 기는 상상에 반응합니다. 상상은 모든 수련의 기초이며 초월명상의 가장 중요한 방법입니다. 상상만으로 기가 반응하여 변화를 추구할 수 있는 힘이 생깁니다. 초월명상의 치유 사례들 중 상상의 에너지와 치유의 힘은 실로 놀라운 것입니다.

북인도 히말라야의 구루나 고산지대의 영적 순례자들은 천천히 산을 걷다가 졸음이 오거나 명상에 젖으면 어디에고 기대어 눈을 감습니다. 그들은 에너지를 거의 쓰지 않으며 뇌파도 지극히 낮은 상태를 유지합니다.

　　명상 초기 낮은 이완 상태의 뇌파일 때 느끼는 행복감이나 도취감은 더 낮은 뇌파의 상태, 즉 각성과 수면 사이를 넘나드는 깊은 명상 상태에 접어들면 카타르시스와 함께 급격히 고양되는 통찰력으로 생애의 고민거리나 문제가 해결되는 단계에 접어듭니다. 그럴 때 비로소 그를 감싼 자연은 극히 고요한 그의 파동과 공명(共鳴)하여 합일(合一)의 상태가 되는 겁니다.

　　바위에 기대어 쉬는 구루의 치렁치렁한 머리카락에 새가 날아와 알을 낳는다는 것은 서로를 해치겠다는 파동이 완벽히 사라진 평화로운 상태를 말합니다. 영적 순례자들과 자연은 이미 합일을 이루고 있기 때문입니다.

# 지식호흡(止息呼吸)

　호흡이 막힌 걸 풀 때, 역으로 다시 호흡을 막는 것이 좋습니다. 나도 모르게 자주 한숨을 쉬게 될 때, 그건 삶이 피곤하고 숨 쉬는 게 힘들어 지식호흡이 필요하다고 몸이 보내는 신호입니다. 한숨이 잦고 숨쉬기가 답답하게 느껴지면 가벼운 소화불량에서부터 불면이나 변비, 신경증과 같은 증세로 시달리게 되거나 암을 유발할 수 있는 독성물질이 체내에 축적됩니다.

　농경시대엔 모두가 거친 노동을 하는 데다 맑은 공기와 물을 섭취하고 공동체적 삶을 유지했지만, 격렬한 정신노동과

과도한 스트레스, 악화된 환경과 개인주의, 인공적인 먹을거리에 노출된 현대인들에겐 맨 먼저 호흡에서 문제가 발생합니다. 숨 쉬는 일은 사람을 살아 있게 하는 근본이므로, 숨 쉬는 게 답답하다는 건 삶이 답답하다는 의미와 같습니다.

지식호흡은 먼저 숨을 크게 들이켜 단전에서 멈춘 뒤 몇 번을 셀 정도의 시간 동안 기운을 모았다가 몸에 든 탁한 기운을 한 움큼 모아서 버린다는 느낌으로 내쉽니다. 내쉰 후 몇 번을 셀 정도로 다시 멈추었다가 숨을 들이켜는 방법입니다.

숨은 곧 삶이라 했는데 숨을 멈추는 순간 기는 맑아집니다. 어두운 밤이 끝나고 새날이 시작되는 새벽녘에 대지의 기운이 투명하듯 호흡도 하나의 사이클에서 다음 사이클로 가기 전의 멈춘 시간에 기는 단련되고 간절해지기 때문입니다.

만약 다친 손가락의 통증이 심하다면, 숨을 들이쉬고 멈춘 상태에서 내 손가락이 단전이라 생각하고 통증부위의 나쁜 기운을 모아 내보낸다는 생각을 하며 내쉽니다. 그러한 방법으로 몇 분이든 몇 시간이든, 어떤 환경에서든 틈틈이 지식호흡을 할 수만 있다면, 누구나 정신의 평온함과 함께 깊은 잠에 빠져들 수 있습니다. 하룻밤의 온전한 숙면은 일일 건강의 바로미터입니다.

호흡도 수련도 신앙도 간절하지 않으면 안 됩니다. 온 우주가 어두운 기운을 버리고 투명해지려 할 때, 밤과 낮의 기가 교차를 위해 섞이는 시간인 새벽, 들이켰던 걸 내뱉으려 할 때, 모든 대치 지점의 에너지가 증폭되어 서로 다른 에너지의 갈등이 폭발할 때, 나날의 고통이 극대화하여 더는 견디기 어려울 때 에너지는 오히려 순수해집니다.

아프고 다급할 때일수록 기의 응축력이 강해지는 건 간절하기 때문이며, 간절해야 생명을 좌지우지하는 기의 본질적 성격이 드러나기 때문입니다.

아무리 멀리 있어도, 아무리 보고 싶어도, 내가 염려하고 그리워하는 사람을 향한 지극한 연민의 기도, 견디기 힘든 육신의 고통을 통해 온몸으로 겪게 되는 절망과 희망, 이런 간절한 상태를 온전히 마음에 담아 지식호흡을 하면, 마치 화살 기도처럼 나의 기를 어디로든 전달할 수 있습니다.

수련을 시작하는 처음엔 내 마음을 비집고 들어오는 온갖 갈등에 시달리게 됩니다. 개인의 일상에 자유와 여유가 지나치게 풍족하면 몸과 마음이 마구니[魔軍]로부터 습격을 당합니다.

성적인 망상, 명예의 망상, 기회의 망상, 유산 상속의 망상, 출세의 망상 등이 빚어내는 망상의 음행(陰行)에 이끌려 급히 돈을 받으러 가야 한다거나 말을 듣지 않는 자녀에 대한 고민과 갈등이 증폭된다거나 갑자기 생긴 육체적 질병 같은 것들에 괴롭힘을 당하게 됩니다.

이것은 불교 경전인 『능엄경』에 나오는 얘기입니다만, 수련에 임하기 전 현실은 언제나 우릴 미혹(迷惑)하는 탁(濁)한 세계임을 먼저 깨달아야 하며, 처음 시작하는 호흡에서부터 일련의 수련과정에 접어들면, 가능한 한 일상적 고민을 거두고 수련에만 열중하도록 해야 합니다.

현실의 온갖 망상이 만드는 마구니들에 정신을 빼앗기지 않기 위해서라도 수련에 정진하여 한 걸음 한 걸음 참다운 자유인에 다가가기 위해 진력을 다해야 합니다.

# 원근(遠近) 수련

    세상을 빛낸 천재들의 독특한 상상의 방법과 창조적 사고를 기술한 미셸 루트번스타인의 『생각의 탄생』이란 책은 알버트 아인슈타인, 파블로 피카소, 버지니아 울프, 제인 구달, 이고르 스트라빈스키, 마사 그레이엄 등 역사 속에서 가장 창조적이었던 사람들의 발상법을 단계별로 정리한 책입니다.

    예컨대 피카소의 그림 가운데 몹시 난해한 그림들은 화가가 본 어떤 사물의 형태나 그것을 둘러싼 풍경이 아니라 잠을 이루지 못하는 밤 끊임없는 불면에 시달리다 상상을 통해 유추한, 아주 세밀하거나 거대한 이미지를 표현했다는 대목에서 아, 하고 무릎을 쳤습니다. 그것은 지금 내가 설명하려는 원근수련과 내용적으로 크게 다르지 않았는데, 저자는 뛰어난 창조성은 소수 천재들만의 전유물이 아니라며 상상의 단계적 방법을 설명하고 있었습니다. 나는 여기서 상상을 통한 무의식 강화 수련에 대해 이야기를 할까 합니다.

먼저 눈을 감고 편안한 마음으로 앉거나 기대어 나와 멀리 떨어진 태양이나 별, 산과 바다를 상상합니다. 그리고 마음속으로 입을 최대한 크게 벌리고 상상했던 거대한 질감의 태양과 별, 산과 바다를 입안에 넣습니다. 아마존 밀림의 울창한 숲도 좋고 남해안의 기암절벽도 좋습니다. 한껏 벌린 내 입안으로 멀리 있는 풍경을 넣고 그 풍경 속의 온갖 것을 상상하며 고요히 숨쉬기 시작하면 내가 점이 되거나 우주의 먼지가 되어 유영하는 느낌을 받게 될 것입니다.

멀리 있는 것을 상상으로 바라본다는 건 내 눈앞에 놓인 것이 아니므로, 그 사물과 현상에 책임지지 않아도 되는 상태입니다. 그렇게 한 번 두 번 상상을 계속하면 뇌파가 떨어지며 서서히 무의식의 문이 열리기 시작합니다. 이렇게 상상을 통하여 멀리 있는 것을 보고 받아들이는 것은 상상의 첫걸음이라 할 수 있습니다.

좀 더 시간이 지나면 가까이 있는 것을 상상하기 시작합니다. 마음속으로 입을 크게 벌린 후 산에 올라 큰 바위를 가까이에서 보고 그 바위를 두 손으로 힘껏 밀어보거나 거대한 나무의 밑둥치를 끌어안고 뿌리째 흔들어보아도 좋습니다. 아니면 숲을 걷다 투명한 옹달샘을 상상한 후 그 물을 한 모금 마셔도 좋고 발아래 떨어진 낙엽 사이를 기어 다니는 작은 벌레들의 움직임을 상상해도 좋습니다.


기면(嗜眠)발작증으로 고통받는 한 여성의 이야기입니다. 유년기에 약을 잘못 먹어 하마터면 목숨을 잃을 뻔했던 그녀는 알약을 전혀 삼킬 수 없어 매우 곤란한 지경이 되고 말았습니다. 알약을 보기만 해도 두려웠던 그녀는 갈수록 깊어가는 신경학적 장애로 반드시 약을 먹어야만 하는 상황이었습니다.

그녀는 알약의 모양과 색, 약이 녹을 때의 느낌과 냄새, 약의 쓴맛, 약을 삼킨 후 마시는 시원한 물의 감촉, 삼킨 알약과

물이 식도를 타고 흘러내려 서서히 용해되고 용해된 성분이 혈관을 타고 흐르는 모습, 증세의 핵심인 신경계에 다가간 약기운이 서서히 번지는 모습, 약기운이 온몸에 퍼지면서 점점 치유되는 자신의 모습에 이르기까지 상상을 계속했습니다. 그렇게 상상을 반복했던 그녀는 얼마 지나지 않아 알약에 대한 두려움을 극복하고 약을 먹을 수 있게 되었습니다.

이 여성의 이야기는 상상의 과정과 상상의 에너지를 잘 보여줍니다. 상상은 두려움을 이기는 가장 강력한 힘이고 방법입니다.

멀리 있는 것과 가까이 있는 것을 상상하는 수련을 계속하면 내면 저 깊은 곳에 잠들어 있던 무의식이 깨어나기 시작합니다. 무의식은 제 주인이 정말 큰 바위를 미는 줄 알고, 정말 나무 밑둥치를 잡고 뒤흔드는 줄 알고, 약이 녹아 혈관을 타고 신경을 타고 몸에 번지는 줄 알고 스스로 에너지를 만들려고 애를 씁니다. 그러면서 몸과 마음 여기저기에 붙어 있던 일탈이 때처럼 벗겨지기 시작하고 심신의 부조화는 안정되기 시작합니다.

상상 수련으로 인한 안정과 평화의 상태, 그것은 개인에게
는 치유의 단계이지만, 주변을 향해선 기의 균형과 조화를 전
달하는 메신저 역할이기도 합니다. 원근수련을 통한 무의식
길들이기는 내공을 여물게 하고 심신의 평화로운 상태를 가
져다줄 것입니다.

# '호' '하', 신공(神功) 수련

호흡과 명상을 통한 기 수련은 한반도에서 오랜 옛날부터 계속되어온 전통의 수련법입니다. 시대와 지역, 개인과 집단에 따라 전하는 내용은 다를 수 있지만, 가장 중요한 정신적 모태가 생명존중사상이라는 점에서 대동소이합니다.

많은 사람이 질병으로 인한 심신의 고통 때문에 수련을 시작하게 되었음을 말하는데, 자신이 그 고통에서 벗어나기도 해야겠지만, 수련은 타인의 고통도 치유하는 상생의 도구가 되어야 합니다.

신공 수련의 단계는 육체적 일탈을 다스리는 수련입니다. 모든 생명체의 거주지인 하늘과 땅 사이의 공간은 소유주가 따로 없는 평등의 공간입니다. 어떤 지점과 지점 사이, 집단과 집단 사이, 또는 어떤 영혼과 영혼 사이의 공간은 기의 운동장과 같은 곳입니다.

치유의 상상을 하며 그 양자의 간격에 영적인 입김이랄 수 있는 '호', '하'를 불어넣으면 두 지점 사이에 흩어져 있던 기가 긴장하면서 급격히 응축되어 에너지로 대척점에 전달됩니다.

입을 가운데로 오므린 후 범위를 압축하여 불어넣는 '호'는 통증이 깊을 때 밀어 넣는 에너지를 만들며, 입을 벌리고 넓게 불어넣는 '하'는 해독의 에너지를 만듭니다.

신공수련의 '호'와 '하'는 독에 스미어 마치 약기운이 몸에 번지듯 서서히 기의 압력에 점령당하면서 정화됩니다. 이 정화의 에너지는 기의 본질이기도 해서 수련을 통해 생애에 축적된 독을 걷어내고 보다 영적인 세계로 들어가게 되는 관문이 되므로 신공수련이라고도 합니다.

유년기 산과 들에서 뛰어놀 때엔 큰 구렁이를 흔히 볼 수 있었습니다. 동네 아이들이 구렁이를 발견하면 예의 돌멩이를 던지거나 긴 막대로 마구 찌르기도 하는데, 그런 아이들의 기세(氣勢)에 기겁(氣怯)해 도망가던 구렁이가 작은 굴속에 들어갈라치면 아이들은 너도나도 구렁이 꼬랑지를 잡고 뒤로 끌어당깁니다. 굴속에서 후진하지 못하는 구렁이는 서너 명에게 꼬리를 잡혀 뒤로 당겨져도 빠져나오지 않았습니다. 당시 동네 어르신께서 굴에다 입김을 크게 불어넣어 보라고 하셨는데, 여러 명이 굴에 주둥이를 대고 입김을 불어넣기 시작하자 놀랍게도 구렁이가 스르륵 빠져나왔습니다. 아이들의 기세(氣勢)는 굴속의 구렁이가 버티기를 포기할 만큼 에너지가 강했던 것입니다.

대양의 큰 물고기가 입안에 작은 물고기들을 흡입하는 모습을 연상할 만큼, 거대한 용이 여의주를 물고 하늘을 오르는 모습처럼, 아니, 그 경계를 가를 수 없을 만큼 상상만으로 끝간 데 없이 입을 벌립니다. 그리고 필요로 하는 기의 공간적 크기와 길이, 즉 기장(氣場)을 마음으로 한정한 후 가장 아픈 지점에 손을 넣어 휘저어 흔들거나, 크게 벌린 입안으로 나의 아픈 곳이나 간절한 내 염원의 대상을 넣고 '하'하며 강하게 영적인 힘을 가합니다. 그리하면 기장 속에 형성된 파동의 에너지가 통증의 근원에 들러붙어 날 아프게 하는 세포 하나하나를 떼어내기도 하고, 내 뜨거운 입안에 넣어 입김을 가득 쐬게 하고, 연기처럼 소멸하는 모습을 상상하게 되면 실제 웬만한 화상이나 피부염, 만성두통, 순환장애 같은 증세에 치유의 효과가 금세 나타납니다.

기는 낯선 것, 즉 처음 보는 색이나 모양에, 그 사람의 순수한 믿음과 간절함에 빠르게 반응하므로, 늘 새로운 생각과 감각으로 수련에 임하는 게 좋습니다.

점점 숙련되고, 틈만 나면 상시로 상상할 수 있을 정도가 되면, 사람이든 자연이든 처음 만났음에도 그 사람에게서 길흉화복을 느끼고, 처음 가본 곳임에도 터의 기와 풍수를 느끼게 됩니다. 길을 가다가도 어느 집의 모양이나 대문의 방향에서 위압적인 힘을 느끼거나 누군가의 표정에서 그가 몹시 아프고 세상살이에 시달리고 있음을 느낍니다.

자연과 사람을 향한 이해와 수련이 깊어지면 깊어질수록

초월명상의 세계를 거쳐 깨달음의 세계로 뚜벅뚜벅 가는 자신의 모습을 보게 될 것입니다.

# 초월명상과 치유(治癒)

얼마 전 TV방송을 통해 하버드대 심리학과에서 행했던 놀라운 실험사례를 보았습니다.

일주일간의 무료여행을 제안하는 광고를 통해 70~80대의 노인 8명을 모아 경치 좋은 펜션에서 지내게 했습니다. 노인들에게 두 개의 규칙만 지키면 된다고 공지를 했는데, 첫째는 설거지와 청소를 스스로 할 것, 둘째는 실제 20년 전으로 돌아간 것처럼 모든 대화와 행동을 20년 전 방식으로 할 것이었습니다. 물론 노인들에게 실험정보는 사전에 밝히지 않았습니다.

아름다운 풍경 속 펜션에는 20년 전의 TV와 신문이 준비되어 있었으며, 벽에는 20년 전에 유행했던 대중음악 포스터와 영화 포스터가 붙어 있었고, 노인들은 20년 전의 식재료와 방법으로 만든 음식을 먹으며 생활했습니다.

8명의 노인들은 단 일주일이었지만, 서로 친구처럼 지내며 20년 전으로 돌아가 당시 이슈였던 사건이 마치 현재진행형인 것처럼 대화하며 즐겁게 지냈습니다.

일주일간의 숙박일정을 마친 후 주최 측은 노인들에게 이것이 하버드대에서 행한 실험이었음을 밝히고, 일주일간의 신체적 변화에 대해 하버드 의대 팀에게 종합검사를 받도록 했습니다. 놀랍게도 노인들의 시력은 20년 전의 시력으로 회복되어 있었고, 거의 모든 신체지표는 20년 전의 건강한 상태로 돌아가 있었습니다.

상상의 방법을 통해 생활환경과 의식을 과거로 되돌리면 육체도 과거로 돌아갈 수 있음을 과학적으로 증명하는 실험이었습니다. 반드시 몸은 환경과 의식을 따른다는 걸 실험으로 알게 되었고, 상상의 에너지는 예외 없이 전체 노인을 단 일주일 만에 20년 전의 상태로 바뀌게 했던 것입니다.

병력이 깊은 50대 중반 여성의 실제 이야기를 하겠습니다. 그녀는 20대 중반에 결혼한 후 정상인의 100배가 넘는 뇌하수체호르몬 이상이 발견되어 부산지역 대학병원에서 치료를 받기 시작했다 합니다. 그녀의 어머니께서 비슷한 증세로 젊은 나이에 돌아가셨다 하는데, 그녀는 자신이 유전질환일 거라고 했습니다.

매일 극심한 두통과 구토에 시달리던 그녀는 의사의 권유로 당시 60정들이 한 병에 육만 원인 '스쿠알렌'을 하루에 세 병, 180알씩 먹으며 매일 기름으로 된 설사를 계속했다 합니다. 뇌에 부족한 산소를 공급한다는 이유로 선택한 방법이었는데, 다른 치료비용까지 합해 경제적 부담으로 몹시 힘들었다고 합니다.

임신 이후 증세는 더욱 심해졌으나 뱃속의 아기가 위험해 시티를 찍지 못하게 해 임신 8개월이 될 때까지 그 고통을 몸으로 견디었다 합니다. 만삭일 때 온몸에 경련이 일고 마비가

오는 일도 있었지만, 우여곡절 끝에 출산에 성공하였고, 병원에 다니면서도 육아에 정신이 팔려 그런지 출산 후 몇 년은 증세가 급격히 괜찮아졌다고 합니다.

그 뒤 심장과 콩팥이 안 좋아지면서 생긴 고혈압 탓에 그녀는 자주 입원해야 했고, 둘째가 태어나고는 경제적 상황도 악화되면서 통제되지 않던 혈압은 280까지 치솟았다고 합니다. 결국 그렇게 버티다 뇌출혈로 쓰러져 수년간 대학병원에 입원하여 치료와 재활에 집중했다고 합니다.

뇌출혈로 쓰러진 후 입원 중임에도 뇌동맥에 고혈압으로 인한 꽈리가 생겨 거기에 정밀 백금 코일을 감아 넣는 최신 색전술을 받았고, 그런 뒤에도 약으로 혈압이 통제되지 않아 최후의 방법이라고 할 수 있는 부교감신경 절제술까지 받았다고 합니다.

그녀의 삶은 몸의 일탈과 결핍의 기록뿐이었습니다. 뇌출혈로 인한 편마비에다 들쑥날쑥하던 혈압으로 몹시 고생하던 그녀를 지인의 소개로 만났습니다. 불편한 몸으로 오랜 투병 생활에 지친 그녀에게 나는 초월명상과 기 수련에 대하여 상세하게 소개한 후 틈나는 대로 지도하겠다고 약속했습니다.

그녀가 다녀가고 난 뒤 어느 날, 워낙 깊은 병력으로 인해 경제적으로, 정신적으로 몹시 초췌해진 그녀를 위해 기도한 뒤, 나는 우선 입을 크게 벌리고 그녀의 뇌 속을 정밀하게 상상하기 시작했습니다. 내가 상상을 통해 본 것은 사람들이 익히 아는 주름진 뇌의 구조에 군데군데 피가 묻은 모습이었습니다.

나는 혀를 이용해 곳곳의 피를 구석구석 핥으며 한 입 한 입 뱉어내기를 계속했습니다. 목 뒷부분의 소뇌에서부터 전두엽, 측두엽, 후두엽, 두정엽까지 뇌 전체를 빙빙 돌아가며 조금씩 피를 제거하는 상상을 하며, 닦아낸 부위는 크게 벌린 입속으로 가져와 '하'하고 기를 내뿜는 상상을 계속했습니다.

다음 날 오전 그녀로부터 전화가 왔는데, 어젯밤 190이었던 혈압이 자고 나서 재니 140으로 떨어졌다는 것이었습니다. 그건 진심으로 기쁜 일이었고 확고한 믿음으로 지식호흡과 호, 하 신공수련을 계속하라고 했습니다.

상상의 힘을 믿고 그 믿음으로 수련에 임하는 초월명상은 몸이 기억하는 고난과 영혼의 일탈을 회복하는 소중한 도구입니다.

초월명상을 통해, 과하면 격(格)과 본성(本性)까지 파괴하는 소유욕, 식욕, 성욕, 출세욕, 정복욕과 같은 기운을 균형이 무너지지 않도록 다스리고, 관계에서 발생하는 온갖 갈등과 고뇌를 다스리며, 스스로의 정신과 육체를 말끔히 닦아내는 수련이어야 치유의 힘을 가질 수 있습니다.

수련으로 내 마음을 완벽하게 다스리기가 쉽진 않겠으나, 나와 주변의 희로애락에 공감하고 치유하며 살겠다는 마음이라면, 세속의 욕망과 그 속박에서 조금씩 자유로워져야 합니다.

공의 세계라고 하는 중간지대, 의식과 무의식의 경계, 남과 북의 경계, 육신과 영혼의 경계, 기쁨과 슬픔의 경계, 이 모든 경계는 기를 강화시킬 수도 있고 약화시킬 수도 있는 지점입니다.

믿음이 약하고 당당하지 못해 남의 눈치를 본다거나 투명한 마음으로 수련에 임하지 않으면 기 수련을 통한 무의식의 강화와 치유의 능력을 경험하기 어렵습니다. 기는 마음이 산란하면 움직이지 않으며, 육체의 긴장이 풀려야 움직입니다.

참선(參禪)하는 스님이 정좌하는 이유는 견성(見性)을 이루기 위함이며 수련을 위해 정좌하는 것은 몸과 마음의 긴장을 이완시키고 초월명상으로 나아가기 위해서입니다.

현실의 의식은 끊임없이 욕망의 수레바퀴를 굴리지만, 무수한 욕망의 전쟁터에서 '개선하는 전차'처럼 자신의 삶을 혁명케 하는 수련이어야 합니다.

# 공(空)의 깨달음

하늘과 바다는 여전히 푸르며 대지는 여전히 만물을 포용하고 있으나 오랜 세월 제자리를 지켜온 지구는 늙고 낡아 이제 눈에 띄는 변화를 보이고 있습니다.

무시로 바닷물이 넘쳐 인간의 세상을 덮치고 거대한 태풍과 지진의 소용돌이가 인간을 두렵게 합니다. 그 변화가 어쩌면 소중한 옥동자를 탄생시키기 위한 지구의 몸부림 같은 게 아닐까 생각합니다. 새로운 생명계의 질서를 요구하는 땅의 몸부림을 느끼며 이젠 우리도 새로운 인격을 요구받는 때임을 알게 됩니다.

개발과 이익을 향한 인간의 끝없는 욕망으로 자연의 파괴가 급속히 진행되고 있으며, 태곳적부터 유지되어온 아름다운 해안에는 공룡 같은 핵발전소가 똬리를 틀고 있어 이 시골 마을 뒷산까지 수도권으로 가는 송전탑이 마치 과잉소비의 상징처럼 여기저기 솟아 있습니다.

　자칫 하나만 잘못되어도 한반도 전체가 멸(滅)의 세상이 될, 그야말로 문명의 악성종양이 포화상태가 되어버렸습니다. 지성의 대오각성으로 그 수가 줄어들어도 안심할 수 없는 판국에 이 땅에선 자꾸 늘어갑니다.

　성냥갑 같은 아파트에서 태어나 평생 내 것 챙기기에만 열중하며 옆집에 누가 사는지도 모르고 사는 사람들이 여전히 시멘트 상자 속에 갇혀 살며 오늘도 내일도 아파 죽겠다고 비명을 지릅니다. 눈곱만 한 아파트가 수억이 넘는 현실, 오랜 공동체의 삶을 버리는 데에 익숙해진 사람들은 매일 인간의 본성을 난도질합니다. 이른바 문화란 이름으로 문명을 교란하고 교란당하며 나날이 멸(滅)의 세상을 향해 한 걸음씩 내딛는 모습이라니, 우리네 삶이 그리 희망적이지 않아 안타깝

기만 합니다.

　예로부터 지령(地靈)은 인걸(人傑)이라 했는데, 우리가 살고 있는 이 땅의 기운이 지금보다 더 나은 세상의 탄생을 기다리고 있음을 그나마 믿고 살아야 작은 희망이라도 꿈꿀 수 있겠습니다.

　황폐화한 자연, 도시와 농촌의 부조화, 개인 간의 적대, 인종 계층 간의 갈등, 종교 간의 불화, 이 모든 일탈(逸脫)을 수정하고 개선하기 위해 지구는 지금 마지막 몸부림을 치는 중인지 모릅니다.

　기독교에서 말하는 천년왕국이나 불교에서 말하는 정토의 세계가 꿈꾸는 세상, 이런 투명한 세상과 만나려는 우리의 수련은 나의 평화와 치유, 그리고 내 이웃의 평화와 치유를 수련의 가치로 요구하고 있습니다.

　삶이란 필연적으로 죽음을 맞게 되지만 기는 영원히 멸(滅)하지 않고 삽니다. 내가 죽어 대지의 품으로 돌아가더라도 내가 축적한 생애의 기가 사특(邪慝)하게 흩어지지 않도록 생명의 원리와 생명의 공익(共益)에 기여하는 수련의 단계에 도달해야 합니다. 그러해야 대지의 음산한 곳에서 지박령(地縛靈)으로 떠돌지 않고 온전히 상천(上天)했다가 미지(未知)의 영혼으로 생명계의 대원칙인 순환(循環)의 길에 접어들 수 있습니다.

지난 모든 생명을 향한 깨달음과 내 생애의 정신적인 정보는 나의 소멸과 함께 하늘에 오릅니다. 그것은 궁극(窮極)의 궁이 다시 생명의 원천인 어머니의 자궁으로 돌아가는 것입니다.

반야심경(般若心經)에서는 '공의 세계에서는 시각, 청각, 후각, 미각, 촉각, 사유도 없고, 빛, 모양, 소리, 냄새, 맛, 감촉, 원리 등 객관대상도 없으며, 주관 작용도 없으니, 무명도, 무명의 소멸도, 늙고 죽음도, 늙고 죽음의 소멸도 없노라.'라고 했습니다. 그리고 석가모니는 제자들에게 영원히 변하지 않는 네 가지의 진리, 즉 사제(四諦)에 대하여 설파하였는데, 고(苦)를 알고 집(集)을 끊으며 멸(滅)을 깨닫고 도(道)를 닦으라고 권했던 이것을 권전법륜(勸轉法輪)이라 합니다. 이것은 당나라까지 거슬러 오르는 오랜 과거의 종교적 가르침이기도 하지만, 일상의 회고와 성찰을 병행하며 심신의 평화와 치유를 위해 수련하는 사람에게는 몹시 유용한 가르침입니다.

재차 정의하지만, 공(空)의 세계는 단지 우리 눈에 보이지 않을 뿐이지 엄연한 물리적 운동법칙을 지닌 세계로 온갖 신(神)과 영(靈)의 기운으로 가득한 곳입니다.

예컨대, 도리깨는 도리를 깨닫게 하는 도구여서 그것으로 온몸을 때려 터지고 피를 흘려야 껍질이 벗겨지고 낱알이 남게 되는 것처럼, 우리의 영혼이 껍질을 벗고 낱알을 드러낼 때까지 간절한 기도와 수련을 거쳐 깨달음에 이르고자 하는 궁극을 찾아야 합니다. 그것이 곧 공의 세계를 만나는 것이며 동시에 우리 모두의 영원성을 깨닫는 일이 되는 것입니다.

# 기의 흐름과 풍수(風水)

옛사람들은 무지개가 떨어진 가장자리가 명당이라 했으며 사람의 발길이 닿지 않은 곳이나 벌이 집을 짓는 곳, 접근이 불가능한 절벽지대에도 명당이 있다고 했습니다. 그러다 보니 비 그치면 무지개의 뿌리가 내린 곳에 묏자리를 쓰려고 가 봅니다. 그런데 지나치게 험한 지형이고 적절한 자리가 없으면 바위 아래쪽이나 굴 같은 곳에 관을 넣은 뒤 굴을 메우기도 했습니다. 살아서나 죽어서나 좋은 터를 잡고 대지의 기운으로 영원히 살고자 했던 옛사람들은 그렇게 명당에 대한 생각이 간절했습니다.

풍수의 형국론(形局論)은 모양을 중심으로 보는 거시적 풍수이고, 형기론(形氣論)은 기를 중심으로 보는 미시적 풍수를 말합니다.

명당의 핵심이랄 수 있는 혈(穴)은 묏자리를 보는 음택(陰宅)의 경우 시신이 직접 땅에 접하여 땅의 생기를 얻을 수 있는 곳이며, 집터를 보는 양기(陽基)의 경우 거주자가 땅에 얹혀사는 곳으로, 이 혈 앞의 넓고 평탄한 땅을 명당이라 합니다. 또 내명당(內明堂), 외명당(外明堂), 소명당(小明堂), 중명당(中明堂)으로 나누어 각기 주변 환경과 모양, 기의 흐름을 보아 결정했으며 명당 중의 명당은 진혈(眞穴)의 터라고 했습니다.

농경사회의 전통적 마을은 대개 물과 가까이 있었는데, 산을 타고 내려오던 기는 물을 만나면 되돌아 마을을 향하니 배산임수(背山臨水)와 전저후고(前低後高)의 남향(南向)이 명당인 이유입니다.

기가 바람을 만나면 산지사방으로 흩어지므로 바람 타지 않는 곳에 모여 살았으니 장풍득수(掌風得水)의 터, 즉 바람을 다스려 물을 얻고 산의 기가 모이는 곳을 명당이라 했습니다.

지금도 깊은 산골에 몇십 호 정도의 작은 마을이 많은 것은 오랜 세월 자연재해를 견디며 잦은 전쟁과 내란 속에서도 씨족의 안전을 가장 중요시했던 조상들의 지혜입니다.

대륙의 기는 삼면이 바다인 한반도의 백두대간(白頭大幹)을 통해 남진하여 여자의 자궁과 같고 남자의 남근과도 같은 반도를 타고 흐릅니다. 거친 산맥이 사방으로 뻗은 반도의 북쪽은 경직되었으나 용맹스럽고, 야트막한 산과 등성이를 끼고 산 반도의 남쪽은 부드러우나 시끄럽습니다. 한반도의 기는 잘록한 허리를 거치며 성격이 변하므로 예나 지금이나 남북의 형국은 대립하는 기세입니다.

동서로 흐르는 강과 산이 만든 지형 또한 사람들의 삶을 구분 짓습니다. 기가 흐르는 쪽으로 사람들은 모이게 마련이고 기는 물을 만나면 멎는 성질이 있어 강이 흘러 바다를 향하는 서쪽이 한반도의 중심이랄 수 있습니다. 훗날 통일이 되면 우리 민족의 잠재력도 크지만, 대양을 향한 한반도의 기세(氣勢)만으로도 충분히 세계의 중심이 될 그런 지형이라 생각합니다.

내가 처음 이 집으로 왔을 때 남서쪽 방향의 길에서 늘 차가 와 담벼락을 박곤 했습니다. 워낙 사고가 잦아 좋지 못한 소문이 자자한 집이었는데, 넓은 터에 높은 담과 굳게 닫힌 대문이 집터를 꽁꽁 둘러싼 모양이었습니다. 사고가 너무 잦으니 담 아래쪽에 시멘트로 턱을 세웠고 담은 몹시 높아 한눈에 보아도 온갖 귀신이 가두어진 형상에다 기가 반으로 꺾인 격이었습니다. 그래서인지 이 집에 살던 사람들은 신체적 장애는 물론이거니와 부모와 자식들 간 다툼도 여간 심한 게 아니라고 들었습니다.

이 집에 와서 먼저 집에 거하는 온갖 신을 위로하는 제를 올린 후 터를 둘러싼 담 전체를 허물었습니다. 바깥채와 안채 사이에는 작은 길을 내었고, 담은 안이 다 보이도록 낮게 다시 쌓되 바깥에서 볼 때 부드럽게 흐르는 만곡형으로 쌓아, 보는 사람도 편안하게 하고, 집안에 가두어진 기운은 쉽게 빠져나가게 했습니다. 내부에 좁은 길을 만들어 흐름이 사통팔달(四通八達)이 되도록 하였으며, 그 길에는 자잘한 화초와 식물을 심어 오랜 옛집의 정취와 생명 감각이 서로 어울리도록 했습니다.

터가 넓으니 집의 기본구조를 바꾸고 수맥을 찾아 물길도 조정해야 했습니다. L로드나 진동자가 없어도 신공수련에서 하듯 기장(氣場)을 형성한 후 입을 크게 벌리고 '하'하면 정수리에 전해져 오는 압력으로 수맥을 찾을 수 있습니다. 땅이 머금은 음기(陰氣)는 우물을 파고 작은 호수를 만들어 밖으로 드러내도록 했고, 큰 도로를 통해 들어오는 사특(邪慝)은 통로가 많은 빈 공간으로 만들어 어디로든 빠져나가게 했습니다.

100년 가까운 낡은 나무와 기와가 조화롭고, 여기저기 흩어져 사는 풀과 꽃이 조화롭고, 서로 다른 모양의 집과 그를 둘러싼 길과 공간이 조화롭고, 곡선을 그으며 이어지는 낮은 담장과 집 안의 골목길이 조화로우며, 무엇보다 함께하는 제자들, 백연 청아 은초 예담 초연 해란과 행랑채 식구들, 그리고 잠깐씩 쉬었다 가는 손님들의 시선과 낡은 행랑채의 풍경이 조화롭습니다.

음양오행의 형기(形氣)론은 인간과 동식물에게만 상생(相生), 상극(相剋), 상화(相和), 생노병사(生老病死)를 얘기하는 것이 아니라, 땅과 물과 바람과 사람 '살이'의 흐름이 함께 작용하는, 기의 근본적인 대사(代謝)를 말하는 것입니다.

# 3부

# 오체투지(五體投地)

　인도 여성의 이마에 찍은 작은 점을 빈디(Bindi)라 하는데, '물방울', '점'을 뜻하는 산스크리트어 '빈두(Bindu)'에 어원을 두고 있습니다. 인도, 네팔, 파키스탄, 스리랑카 지역에서 성행하는데, 여성뿐 아니라 남성도 빈디를 찍으며, 이는 소년 소녀, 종교, 나이, 결혼 여부나 인종의 제한 없이 두루 퍼져 있습니다. 힌두 전통에서는 사람의 몸에 기가 모이는 7개의 차크라(Chakra)가 있다 하여 명상과 요가 수련에서 중요하게 여기는데, 빈디를 찍는 부분은 '여섯 번째 차크라'란 뜻의 '아즈나(Ajna)'이고, 이는 제 3의 눈이라 해서 영성의 본질을 보는 영안(靈眼)을 의미합니다.

불교의 오체투지 수행은 두 무릎과 두 팔꿈치, 이마를 땅에 닿게 하여, 본래의 선한 마음을 가려 정도(程度)를 어둡게 하는 다섯 가지 번뇌인 오개(五蓋), 즉 탐욕, 분노, 흐린 마음, 들뜸, 의심을 제거하고 영적으로 살펴 분별할 수 있는 영안을 얻기 위해 엎드려 절을 하는 것입니다.

반야심경에 대한 용수 보살의 방대한 해설서 『대지도론(大智度論)』에서는 양손, 양발, 머리를 일러 오륜이라 하는데, 땅에 오륜이 닿을 때마다 그 하나하나에 발원하라고 가르치며, 그것은 "햇무리, 구름, 연기, 티끌, 안개로 덮여 있던 해와 달이 거기서 벗어나는 것과 같으니, 사람의 마음도 그와 같아서 다섯 가지 덮개에 덮이면 자신도 이롭지 못할 뿐만 아니라 남도 이롭게 하지 못한다."라고 말합니다.

티베트, 네팔, 인도의 순례자들이 길에서 행하는 오체투지는 불교의 오체투지와는 조금 다릅니다. 고대 인도에서 행해지던 예법 가운데 이마, 다리, 팔, 가슴, 배의 다섯 부분이 땅에 닿도록 엎드려 상대의 발을 받드는 접족례(接足禮)에서 유래한 오체투지는 온몸을 완전히 땅에 붙여 앞으로 나아가는 형태를 취함으로써 극한의 수행법으로 통합니다. 손가락, 손, 팔꿈치, 이마, 가슴, 배, 무릎, 발등, 발가락까지 땅에 붙였다 떼며 전진하는 이 수행은 몸을 낮추고 낮추어서 가장 겸손한 곳에 닿게 해 영혼의 길, 순례의 길을 상징합니다.

북인도 고대 사찰을 향하는 순례자들의 오체투지를 보니 손과 발에 나무로 만든 덮개를 대어 미소 가득한 표정으로 나아가고, 그 주변을 걷던 사람들은 순례자들의 주머니에 돈을 넣어주며 합장하기도 했습니다.

히말라야 순례의 행렬에서 본, 늙은 어머니와 아들이 몇 년에 걸쳐 한다는 오체투지 수행은 아직도 기억에 생생합니다. 뜨겁게 달구어진 포장길과 울퉁불퉁한 길, 비가 오고 눈이 오는 5,000미터의 설산을 넘어 작은 손수레 하나를 끌며 장장 몇백 킬로미터가 넘는 거리를 수행 중이라고 했습니다.

20~30미터 앞에다 생필품과 텐트가 든 수레를 갖다놓은 뒤 되돌아와 오체투지로 나아갔다가 다시 수레를 앞으로 옮기고 되돌아와 오체투지로 나아가는 것이었는데, 그 모자(母

子)는 티베트의 라싸를 향해 가고 있는 중이라고 했습니다.

　나는 그 모자의 오체투지 행렬에 흐르는 눈물을 감추지 못해 지폐 한 장 건네고 돌아서며 어머님 생각에 빠져들었습니다. 그들은 이미 성자(聖者)였습니다.

# 기우제

　기우제에 대해서는 단군신화의 환웅이 풍백(風伯), 우사(雨師), 운사(雲師)를 거느리고 태백산 신단수에 왔다는 기록에서부터, 씨족의 조상 묘나 명산에서 기우제를 올렸던 삼국시대의 기록, 가뭄으로 땅이 쩍쩍 갈라질 때 벌거벗은 마을 처녀를 제단에 눕히면 하늘이 비를 뿌린다는 설화, 개를 잡아 가장 높은 산봉우리에 그 피를 뿌리면 더러운 피를 씻기 위해 비를 뿌렸다는 이야기까지 있습니다.

　고려시대에는 가뭄이 심하면 왕이 직접 백관을 거느리고 기우제를 올렸는데, 일반에서는 시장을 옮기게 하고 부채질이나 양산 드는 일을 하지 않았으며 양반도 관(冠)을 쓰지 않았다고 합니다.

천신이 오르내리는 길을 밝히고 양기(陽氣)인 불로 음기(陰氣)인 비구름을 부르기 위해 마을사람들이 장작이나 솔가지를 산꼭대기에 산더미처럼 쌓고 불을 지르는 산상분화(山上焚火)는 밤중에 수십 개의 마을이 함께하여 장관을 이루었다고 합니다. 여자들이 강물을 키(箕)에 퍼서 머리에 이고 온몸을 적신 채 뭍으로 오르내리기를 되풀이하거나 각자 물동이에 강물을 길어 산 위의 기우단(祈雨壇)에 올라 절을 한 후 쏟아 부었다고도 합니다.

비와 여자가 음기(陰氣)의 상징이듯 기우제의 중심은 여자들이었습니다. 가뭄 탓에 민심이 흉흉해지면 마을마다 기우제에 필요한 도구를 챙겨 와 공동체의 마당이나 산꼭대기의 제단에서 제를 지냈는데, 남자들은 제사에 필요한 물품을 나르며 준비할 뿐 중요한 역할은 모두 여성의 몫이었습니다.


유년기에 보았던 우리 동네 기우제 풍경을 잠시 이야기하겠습니다. 디딜방아의 공이 끝에 하얀 치마를 입혀 거꾸로 세

우면 여자의 생식기를 상징하는 공이가 하늘을 향하게 되는데, 하얀 치마저고리와 두건을 쓴 동네 아주머니들이 그 주위를 에워싸 두 손을 비비며 "비 비 비세", "비 비 비세"를 읊조렸습니다. 밤늦게까지 제단 둘레에 횃불을 밝히고 "비 비 비세"를 반복하였는데, 캄캄한 밤, 활활 타오르는 횃불, 아주머니들이 입었던 하얀 치마저고리의 행렬, 주문을 외듯 끊임없이 계속되는 중얼거림의 주술적인 카리스마, 이는 가히 압도적인 풍경이었습니다.

제를 지낸 지 며칠 지나지 않아 많은 양은 아니었지만 정말 비가 내려 어린 마음에 모든 사람이 밤새 저리 빌면 하늘이 움직인다고 생각했습니다. 지금도 그렇지만, 자연은 사람들의 간절한 기도에는 반드시 답한다는 것을 여전히 믿습니다.

옛날 기우제를 주도했던 여성의 역할을 살펴보면 역사 속 여성의 지위나 사회사상을 공부할 필요가 있습니다. 지금까지 조선조(朝鮮朝)의 유교적 전통에 젖어온 우리 사회는 위로부터 아래로, 여전히 가부장적이며 보수적인 권위로 굳어 있습니다.

골품제에 기초한 계급사회 신라. 중앙집권적 관료사회이자 가부장적 유교사회였던 조선. 그런데 그 사이의 고려는 놀랍게도 민주적 가치와 양성평등을 지향한 사회였음을 새삼 알게 되었습니다. 일부일처 혼인, 이혼과 재혼의 자유, 남녀 구분 없이 돌아가며 제사를 지내는 윤사제도, 균등분배가 원칙이었던 상속제도, 부모 중 선택 가능한 호주승계 등을 보면 그렇습니다. 문벌귀족정치가 성행했던 12세기에도 관복 말고는 비단옷과 물감 들인 옷을 입지 말라고 해 의복으론 계급을 알기 어려웠다는 걸 보면, 고려시대의 정치의식은 민·관 할 것 없이 상당한 수준이었음이 분명합니다.

우리는 문명이라는 이름으로 생명의 원천인 자연과 너무 멀리 떨어져 살고 있습니다. 자연과 인간의 화학적 반응이 가장 신속하게 나타나는 건 하늘과 땅과 물입니다. 수천 년을 하늘에 의지하며 산 우리는 문명이란 이름의 과학만능시대를 살면서 점점 하늘과 멀어졌습니다.

역사 속 기우제는 사람과 자연, 마을과 마을, 권력과 민중이 소통하는 열린 마당이었으며, 수리시설이 부족했던 시대,

세계적으로도 보편화된 현상이었습니다. 농경사회의 생존을 좌지우지하는 것이 농사였으므로, 나라마다 지방마다 가능한 모든 방법을 동원해 비가 내리도록 하늘에 빌어야 했습니다.

지금이야 관개치수(灌漑治水)의 발달로 하늘을 망각하고 사는 시대지만, 대자연의 운동법칙을 깨닫고 수련에 정진하는 사람은 언제나 하늘과 인간의 소통을 중요하게 여겨야 합니다.

# 초령의식

삶이 고단하고 애석한 일만 가득한 건 조상의 업(業)이 그
다지 밝지 않기 때문입니다. 생전에 무엇인가를 죽이고 피를
보는 일에 익숙하며 남을 괴롭히면서 산 사람의 자손은 반드
시 조상의 업을 받게 됩니다. 집안에 심신장애를 앓는 사람이
생기거나 누군가 몹쓸 병이 들고 사고가 나는 우환이 계속되
면 그 이면에는 반드시 그러한 일을 가능하게 하는 영적 내력
이 숨어 있습니다.

자신의 이익과 처세에만 급급해 지천으로 척(隻)진 사람의
후손이 심각한 질병에 시달리거나 반사회적 행위에 가담하

게 되는 건 조상령이 빙의(憑依)하여 생기는 경우가 많습니다. 흔히 '피는 못 속인다'거나 '그 부모에 그 자식'이라는 표현이 그런 의미입니다.

어떤 고통도 그 배후의 영적인 병이 토대가 되어 현실에 드러난 것이므로, 치유를 위해선 물리적 노력은 물론이거니와 영적인 노력도 함께 기울여야 합니다. 그것은 현실의 삶에서 정신 자세를 여미고 살게 하는 훈육이며 동시에 자신의 바른 마음씀씀이와 일상의 실천에 따라 자신의 운명은 물론이며, 후손의 운까지 바르게 바뀔 수 있다는 가르침이기도 합니다.

조상의 영혼을 부르는 초령의식(招靈儀式)은 귀신을 불러 그 억울함을 위로하며 음식을 베풀고, 이승의 미련을 벗는 법문(法門)을 알려주는 불교의식인 구명시식(救命施食)이나 굿의 형태를 취합니다만, 기 수련을 하는 사람은 방법을 달리합니다.

사랑하는 사람이, 또는 멀리 있는 내 자녀가 갑자기 아프다 할 때 먼저 하늘과 땅, 내 주변의 사람들에게 감사하는 예를 올린 후 초령의식을 시작합니다.

가부좌를 틀고 호흡을 가다듬은 뒤 허공에 뒤섞여 있을 영을 부르기 위해 마음의 준비를 합니다. 그러면 기가 서고 주변의 영들은 긴장하기 시작하는데, 긴장한다는 건 힘을 받는다는 것이며, 기를 통해 인간의 육신과 공간에 머물던 신을 부를 준비를 한다는 것입니다.

먼저 그 사람이 있는 방향을 향해 힘을 주고 기장을 형성한 뒤 상상으로 입을 크게 벌리면, 느슨하게 존재하던 신들은 기에 반응해 바짝 긴장하여 가까이 모이고, 그 신들을 입안에 가두는 상상을 합니다. 그리고 입을 오므리지 못할 정도로 더 크게 벌리고 기를 강하게 모아 그 사람의 아픈 곳을 내 입안에 넣어 강하게 입김을 내뿜습니다.

이런 동작을 반복하여 기를 움직이면 공간 속의 영이 움직이고, 영이 움직이는 건 내 무의식이 움직이는 것이어서, 내 무의식은 시공간을 초월하는 치유의 에너지가 되어 그에게 전달됩니다.

신을 불러 위로하고 치유의 에너지를 누군가의 고통에 스며들게 하고 싶다면, 내 몸과 마음을 항시 부드러운 상태로 만들어야 합니다. 언제 어디서든 수련하는 사람의 마음이 부드럽고 평화롭지 않으면, 몸도 부드럽지 않게 된다는 걸 명심해야 합니다.

부드럽지 않으면 굳게 되는데 자주 화를 내거나 다투게 되면 내 몸의 가장 약화된 부분이 굳습니다. 전신이 부드럽지 않으며 어딘가 나도 모르게 굳는다는 건 한 부분의 근육이 굳는 것이며, 근육이 굳으면 순환이 안 되고 신경에 문제가 생기거나 뼈도 굳게 됩니다.

내가 준비한 치유의 에너지를 누군가에게 쓸 수 있어 수련을 통한 행복감을 느낄 수 있다면, 무의식은 시간이 지남에 따라 행복감을 계속 축적하게 될 것이며 갈수록 더 투명하고 강한 에너지를 지니게 됩니다.

어느 누가 혼자라서 세상살이가 쓸쓸하다고 합니까? 우리는 하늘과 땅과 함께 살고 있으며, 수많은 조상의 영들이나 후손과 함께 살고 있는 것입니다.

# 불교와 전통신앙

바다를 통해 들어온 인도의 불교와 육로를 통해 들어온 중국의 불교는 내용적으로 조금 다릅니다만, 고대의 한반도에 전래된 불교가 전통의 샤머니즘과 만나 어떻게 변화되었는지 알아보는 건 기 수련과정에 의미 있는 일입니다.

우리 역사에서 받아들인 불교는 엄밀하게 말하면 경전 속 불교가 아니었으며, 석가가 걸었던 고난의 종교나 완전한 인격과 신성(神性)을 요구하는 깨달음의 종교도 아니었습니다. 빼곡한 한문으로 쓰인 정통의 경전은 거의 독해 불가능한 내용이었으므로 소수의 엘리트 승려에게나 유용했지, 나날의 생존이 긴박하고 끊임없는 외침에 시달렸던 몽매(蒙昧)한 민중에게는 그야말로 그림의 떡이었습니다.

그저 고기잡이 떠난 아들의 무사귀환을 빌거나 아들 좀 낳게 해달라고 산신령께 빌던 무속신앙에 불교적 요소를 가미하여 전통의 신앙으로 발전시켜왔다고 보는 게 더 정확한 해석일 겁니다. 즉 불교가 토착신앙을 받아들였다기보다 토착신앙이 불교를 받아들여 현실에 맞게 변화했다는 의미입니다.

외래종교인 불교가 토착 샤머니즘을 만나 오랜 세월 이어온 핵심에는 삼신(三神)신앙이 있습니다. 대개 삼성각(三聖閣)에는 독성각, 산신각, 칠성각이 있어 삼신을 같이 모셔두었는데, 석가처럼 스승 없이 홀로 깨우쳤다는 독각을 모신 독성각(獨聖閣), 신령한 산의 수호신이 되었다는 단군을 모신 산신각(山神閣), 북두칠성을 신성시하는 도교(道敎)를 받아들여 불교의 여래상으로 바꾸어 모신 칠성각(七星閣)이 있습니다.

샤머니즘의 삼신신앙이 정통 사찰 내부에 자리 잡게 되면서, 기복(祈福) 중심의 주술(呪術)적 신앙으로 불교의 본질이

왜곡될까 싶어 만해 한용운은 『조선불교유신론』에서 무속적인 산신과 칠성을 사찰에서 없애고 석가모니불만 봉안할 것을 주장하기도 했습니다.

대체로 산신(山神)은 나이 많은 도사나 한복을 입은 여성의 모습으로 묘사되어 있는데, 산신 옆에 호랑이가 그려져 있는 건 산에 위치한 절의 특성과 오랜 세월 호랑이를 영묘한 동물로 인식해온 민중의 인식을 반영하는 겁니다.

독성신(獨聖神)이란 부처가 될 수 있다 하는 약속, 즉 수기(受記)를 받았다는 나반존자(那畔尊者)를 말하는데, 석가의 제자나 5백 나한의 이름과 경전에도 보이지 않는, 한국에만 존재하는 토속신앙의 전형입니다. 절에서는 독성기도(獨聖祈禱)를 많이 올리는데, 이는 나반존자의 영험이 매우 커 공양을 올리고 기도하면 즉시 영험을 얻게 된다고 믿기 때문입니다.

칠성신(七星神)은 북두칠성의 일곱 성군을 말하는데 중국의 도교사상과 불교적 샤머니즘이 융합된 신으로, 아이의 출생과 명을 이어주고 복을 주는 신으로 알려져 있습니다. 사람들은 마을 뒷산의 거대한 바위나 고인돌 같은 곳을 칠성신의 거처로 생각하여 칠성바위라 하고, 칠월칠석날 제사를 모시기도 합니다.

용왕신(龍王神)은 물과 바다를 상징하는 신이며, 삼면이 바다인 한반도의 지형적 특성 때문에 전형적인 무속신앙으로 발전하였는데, 많은 사찰에서도 용왕각(龍王閣)을 두어 용왕신을 모시고 있습니다. 어업에 종사하는 사람들과 멀리 바다 건너 떠난 가족의 안녕을 기원하는 '굿'이 해안지방을 중심으로 행해지고 있으며, 사찰에서 모시는 용왕신이 대체로 백발 노인상인 걸로 보아 단군 신앙이 해안지방에서 변화한 흔적으로 보이기도 합니다.

삼신(三神)신앙에서 삼신은 엄밀히 말하자면 '삶신'이며 죽음에 대칭되는 신이란 뜻의 언어입니다.

제주지방의 무당굿 '삼승할망본풀이'는 '산신할미'의 새 생명 점지와 탄생, 아이의 건강한 성장을 감사하는 내용을 담고 있으며, '칠성판을 목에 걸고 나온 아이'의 탄생 이야기는 예로부터 대자연의 으뜸 존재로 숭배해온 하늘과 별, 바다와 산의 신앙을 표현하고 있습니다.

자연은 언제나 생명을 상징하였으며, 사람이 죽으면 별이
된다고 믿었던 옛 사람들은 위패를 북두칠성을 향하게 했고
머리를 북쪽으로 두고 잤습니다.

# 간절한 기도

한국전쟁 전후 지리산 일대는 좌익의 소굴이었습니다. 특히 고향인 산청은 빨치산이 늦게까지 활동했던 곳이어서 빨치산과 관련한 유년의 기억이 참 많습니다. 어린 우리에게 비친 군경과 빨치산은 무슨 이유로 저리 편싸움을 하는지 도무지 이해할 수 없는 존재들이었습니다. 그들이 마을에 나타나면 언제나 집안의 무언가를 빼앗겨야 했고, 동네 아재 누구누구가 끌려갔다는 얘길 들어야 했습니다. 그런 사회적 혼란과 좌우 대립, 아버지의 부재와 급격해진 시대의 결핍 탓인지 어머니께선 걸핏하면 "참아, 참아야 해."라고 했고, 아침저녁으로 듣게 된 그 말은 알게 모르게 나를 말없는 아이로 변하게 했습니다.

월사금 미납으로 학교에서 쫓겨나다시피 집으로 와 시름시름 앓고 계신 어머니 옆에 쪼그리고 앉아 월사금 얘길 꺼내는 게 얼마나 힘들었는지 지금도 생각하면 먹먹해집니다. 학교에서 쫓겨나면 하릴없이 냇가에서 송사릴 잡으며 시간을 보내거나 우람한 벚나무를 타고 놀며 버찌를 얼마나 따 먹었던지, 보랏빛 입술로 산에서 내려와 집에도 못 가고 학교에도 가지 못해 낭패였던 날도 있었습니다.

어린 나이에도 눈치가 보여 벼르고 벼르다 겨우 월사금 얘길 꺼내면, 어머니께선 내 손을 꼭 잡으시곤 "내가 해줄 테니 걱정 말아라."라고 말씀하셨는데, 지금도 생각하면 마음이 아픕니다.

고기 귀한 시절, 어디선가 고기 굽는 냄새가 나면 거의 환장하던 때였는데, 마을 어귀 은행나무 아래에서 동네 형이 돼지고기 먹은 자랑을 하며, 고기를 너무 많이 먹어 배탈이 나밤새 설사했다며 어찌나 약을 올리던지, 참다 참다 정통으로 어퍼컷 한 대 날리고 튀었다가 오밤중에 끌려나와 흠씬 두들겨 맞기도 했습니다.

학교에 쥐꼬리를 가져가거나 우유 끓이는 화로의 장작을 가져가면 따끈한 우유를 받아 먹을 수 있었는데, 매일같이 산에 가 한보따리 나무를 둘러메고 내려오는 일이 내게는 꽤 재미있는 일이었습니다.

이제 나이가 드니 그 희멀겋게 탈색된 이야기들, 발효가 끝나 삭고 삭은, 그 어린 가슴을 직격했던 끝없는 걱정과 슬픔, 외로움과 연민을 누굴 붙들고 털어놓는 일도 무망합니다. 아무 이야기라도 할라치면 그저 아련함에 복받치고, 아버지 부재의 성장기는 언제나 씁쓸한 방황이었던 데다, 어머니의 한과 눈물을 전제하고 있었기 때문에 그저 눈시울이 뜨겁습니다.

나는 시간이 지날수록 말없는 아이가 되어 수면을 떠다니는 부초처럼 동네를 어슬렁거리거나 혼자 뒷산과 냇가를 달리며 겉돌았습니다. 뒷산 감나무 아래에 누워 감이 떨어지길 기다리거나 냇물에 들어가 두 손을 모으고 손에 물고기가 들어오길 기다리기도 했습니다.

추석이 지나 용돈이 넉넉해진 아이들은 너도나도 딱총으로 전쟁놀이를 하고, 참새를 잡으며 우르르 몰려다녔습니다. 어둠살이 질 무렵 혼자 은행나무에 기대어 있다가 불현듯 은행나무 뒤쪽을 손으로 파헤쳤는데, 놀랍게도 거기엔 딱총과 화약더미가 묻혀 있었습니다. 사연이 있어 누군가 숨겨둔 것이겠지만, 덕분에 그걸로 신나게 딱총놀이를 하고 참새도 잡으며 놀았습니다.

성장기, 나의 간절함은 언제나 그런 식으로 해결되는 경우가 많았습니다. 난데없이 뭘 소유하게 되거나 난데없이 어딘가로 떠났다가도 온갖 고난을 겪다 살아남아 결국 제자리로 돌아왔습니다.

어떤 물건이나 예술도 기존의 틀에서 벗어나지 않는 식상함은 기질적으로 싫었습니다. 어디에서도 들을 수 없는, 본 적 없는 그런 것에 나는 본능적으로 이끌렸습니다. 길 가다가 버려진 오래된 나무를 보면 어떻게 하든 그걸 가지고 집으로 돌아왔습니다. 그게 어떤 욕심이라기보다 그저 낡은 나무와 거기 스몄을 역사에 내 영혼은 이끌렸습니다.

126

깊은 시골의 물 좋은 곳을 '참샘'이라 했는데, 오래된 나무를 깎고 갈아 '참 나는 집'이란 글을 새겨 행랑채 벽에 걸었더니 고풍창연한 멋이 있어 좋았습니다. 서른 즈음부터 시골길을 가다가 버려진 다듬이나 오래된 절구, 주춧돌, 문지방디딤돌 같은 게 눈에 띄면 오만 고생 다해 그걸 집으로 옮겨야 했습니다.

　해가 내 눈에 보일 때까지, 나뭇잎 흔들리는 소리가 내 귀에 들릴 때까지, 내가 그 물건들의 질감에 이끌려 소중히 여기고 마음으로 쓰다듬기까지, 내 영혼은 자장(磁場) 속 쇠붙이 알갱이처럼 출렁거렸습니다.

　어릴 적 고향 뒷산을 타며 놀아서인지 내가 나무와 함께 좋아하는 건 돌입니다. 낡은 목욕탕을 인수했을 때 한증탕 바닥은 내가 직접 삼랑진이나 밀양에서 일일이 채집해 등짐 메고 온 돌로 깔았는데, 변하지 않는 돌의 견고함, 세월이 흘러도 늘 있던 자리에 그대로 있는 커다란 바위가 난 참 좋았습니다.

　내 안의, 변하지 않는, 옛것에 대한 이끌림이나 향수는 아무래도 돌아가신 어머니를 향한 그리움이나 어머니의 향기가 아닐까 생각합니다. 새로운 걸 가졌다고, 돈 좀 있다고 잘난 척하는 녀석은 어떤 식으로든 가서 한 대 쥐어박았고, 이럴 때부터 기질적으로 그런 요소들과 쉽게 타협하지 못했으므로 싸움도 잦았습니다.

봄이 되면 바닥에 짚이 수북했던 남향의 돌담에 기대어 외 갓집 가신 어머니 돌아오시는 모습을 기다리다 잠들곤 했고, 어머니 품을 독차지할 수 있는 어두운 밤이 난 좋았습니다. 이른 새벽 어머니께서 보리쌀 안치러 부엌으로 나가시는 시 간은 그 행복이 끝나는 시간이었습니다. 어린 나는 어머니가 없으면 살아갈 수 없는 존재라고 생각했습니다.

부잣집 큰딸이셨던 어머니는 글씨가 참 좋았는데, 지금 그 걸 하나도 갖고 있지 않아 몹시 아쉽습니다. 아버지께서는 군 자문위원을 하셨다 하니 지역의 유지쯤 되셨던가 싶은데, 두 살 때 아버지가 세상을 떠나시면서 어머니의 고생이 시작되 었습니다.

늘 힘들어하시던 어머니께서 꿈에 아버지를 만나 신세한탄 을 하니 아버지께서 "너무 슬퍼하지 마라, 내가 뭐라도 할 테 니까."라고 하셨다는데, 그 후 우리 집안의 몰락에 결정적인 원인을 제공한 사람이 갑자기 쓰러져 평생 불구의 몸으로 사시게 되었다고 합니다. 어머니께선 어린 나에게 그 이야기를 하시며 남에게 해를 입힌 사람은 반드시 해를 입게 된다고 하셨고, 민폐를 끼치지 않고 살아야 한다면서 언제나 조심하라고 이르셨습니다.

틀린 걸 못 보는 성격 탓에 성장기엔 싸움도 잦았고, 교통사고로 죽을 고비를 넘기며 6개월 이상 신경외과에 입원해 어머니 속을 새까맣게 태우기도 했습니다.

월남전에 끌려가 풍전등화의 목숨이 되었을 때 날 쓰러지지 않게 붙들고 전쟁터에서 살아서 돌아오게 한 유일한 힘은 아들의 무사귀환을 비셨던 어머니의 간절한 기도였다고 생각합니다.

그러던 어머니께서 치매증세가 깊어지며 행방불명이 되셨고, 나는 핸드마이크를 들고 시내 구석구석을 돌며 어머니를 찾아 헤맸습니다. 한참을 찾지 못해 모두 손을 놓고 있을 무렵, 우여곡절 끝에 주례동 산중턱의 형제복지원에 수용되셨음을 알고 찾아갔습니다. 수용자 한 명 한 명을 돈으로 여겼던, 악명 높던 그곳에서 길 가는 치매 노인을 강제로 데려간 것이었습니다. 성명 미상으로 수감되어 있던 어머니를 업고 주례동 산길을 내려오는데 어찌나 가벼우시던지, 어머니 속을 많이 썩여 천벌을 받고 있구나 싶어 참 많이 울었습니다.

아버지 세상 떠나신 후 여덟 형제를 향한 어머니의 헌신과 눈물을 보고 자랐던 나에게 어머니는 언제나 말로 형언할 수 없는 그리움이고 슬픔이었습니다. 그러다 사고로 딸아이를 잃게 되면서 내 영혼은 일거에 무너졌고, 세상 어디에고 두 발을 딛고 서 있을 수도, 제대로 숨을 쉴 수도 없는, 끝없는 절망의 나락으로 추락했습니다.

이후 몇 번의 자살소동, 심각한 호흡장애와 우울증, 도망치듯 갔던 인도와 중국에서의 각성, 부산의 삶을 정리하고 밀양에 정착하게 된 일련의 사건들이 마치 예언처럼 내 삶을 오늘 여기까지 이끌었습니다.

나는 기질적으로 남을 미워한다거나 나서서 해코지하는 성격이 아니었습니다. 지금 생각해보면 생애를 걸쳐 겪어야 했던 중요한 사건들과 머나먼 이국의 전쟁터에서 돌아와 극심한 전쟁 후유증에 시달리면서도 수련을 향해 더 간절히 이끌리고 삶의 끈을 놓치지 않았던 건 모두 어머니의 공덕이었습니다. 이제 조용히 과거를 응시하며 나를 둘러싼 인연의 업을 바라보아야 할 시간, 나의 모든 희로애락을 짊어지고 여태 견뎌온 아내와의 선연(善緣)이 새삼 고맙고 애틋합니다.

부산의 서동은 철거민 이주촌으로 그 일대가 모두 우범지역이라 할 만큼 구조가 복잡하고 삶이 위태로운 동네였습니다. 결혼한 지 얼마 되지 않아 이사를 준비하며 서동으로 집을 보러 갔는데, 한켠에 세탁소를 하면서 풀빵을 구워 팔고 만화책을 빌려주던 곳이었습니다. 남편이 자살로 죽은 지 얼마 되지 않은 집이라 해 아내는 겁난다며 이사를 꺼렸는데, 하도 집 얻는 일이 만만찮아 결국 그곳으로 이사하게 되었습니다.

입주하기 전 며칠간 초를 밝히고, 물 한 그릇 떠놓고, 불쌍한 영가를 위로하는 기도를 하는데, 얼마나 살기 어려워 죽었을까 싶은 게 연민의 감정이 컸습니다. 입주와 동시에 세탁소를 개업하자 손님이 몰려들기 시작했는데 정말 감당이 안 될 지경이었습니다.

동네 건달들이 무시로 와서 행패를 부리거나 칼을 들고 설치는 일도 있었고, 큰아이가 주인집 TV를 훔쳐보다가 맞고

오는 일도 있었는데, 부끄럼 많고 어디에고 나서는 걸 하지
못했던 순박한 아내와 그런 소소한 사건들에 일일이 대응하
며, 학원을 하고 목욕탕도 하며 꾸역꾸역 일상의 우울을 견디
어야 했습니다.

북인도의 여러 성지를 순례할 때, 고산지대로 갈수록 옷을
껴입었다가 내려오면 옷을 다 벗어야 했습니다. 처음엔 무거
운 여행용 가방에 온갖 필요한 것들을 다 넣어 고생스럽게 끌
고 다녔으나 나중엔 여권과 지갑만 들고 히말라야 중턱을 오
르내리는 나를 발견했습니다. 내가 끌고 다닌 가방의 무게가
내 인생의 욕망과 좌절의 크기와 같음을 비로소 깨달았기 때
문입니다. 그것들을 다 버리고 나니 얼마나 마음 가벼웠는지,
가는 곳마다 새벽이면 초를 켜고 물가에 앉아 신들께 기도했
습니다.

그 간절한 기도를 통해 절망에서 나를 일으켜준 신의 목소
리를 들었고, 엎드려 땅에 입을 대고 연신 감사합니다를 읊조
렸습니다.

# 순환(循環)

불교에서는 "이게 뭐지?"라고 묻는 '화두'를 품고 정진하지만, 잠재된 무의식을 깨워 그 에너지를 전하는 초월명상 수련이 훨씬 힘이 큽니다.

의식의 세계에선 기를 움직이는 힘이 약하지만, 호흡과 상상의 방법을 통하면 잠재된 무의식을 일깨워 강한 에너지를 일으킵니다. 그 에너지는 가장 순수한 형태의 영적 힘이어서 기와 무의식의 움직임을 통해 나를 둘러싼 신을 의지대로 움직일 수 있습니다.

수승화강(水昇火降)은 '물의 기운을 올리고 불의 기운은 내린다'는 뜻입니다. 우리의 오장에는 화(火)를 담당하는 심장과 수(水)를 담당하는 신장이 있는데, 하부의 물(水)는 불(火)의 도움으로 상부로 올라가고 상부의 불은 물의 도움으로 하부로 내려오는 순환을 하게 되는 겁니다.

버들이 아래로 축 늘어져 자라는 것은 물의 기운을 지닌 버들의 생명력이 물을 향하기 때문입니다.

하늘의 기는 양(陽)으로 불에 비유되어 하늘로 올라가는 성질을 갖고, 땅의 기는 음(陰)으로 물에 비유되어 내려가는 성질이 있습니다. 양의 기는 불의 성질을 갖고 상승하여 머리로 모이고, 음의 기는 수성(水性)이므로 하강하여 발에 모입니다. 두열족한(頭熱足寒) 상태를 고치기 위해 두한족열(頭寒足熱)을 하는 이유입니다.

순환이 막혀 더운 기운이 내려가지 않고 위에 머물면 상기증(上氣症)을 앓게 되고, 차가운 기운이 위로 올라가지 않아 아래에 머물면 수족냉증(手足冷症)이 발생합니다. 즉, 머리로 열이 솟거나 손발이 찬 것은 기의 순환이 제대로 안 되는 것입니다.

모든 기운이 역상(逆上)하여 화기(火氣)가 머리에 쏠리는 상기증으로 시작하여 점점 심각한 정신적 문제로까지 발전하는 걸 주화입마(走火入魔)라고 합니다. 주화입마의 상태에서 벗어나기 위해선 먼저 남의 얘길 잘 듣고 공감할 줄 알아야 하며, 어떤 예감처럼 부지불식중에 날 찾아오는 신의 얘기를 들을 수 있어야 합니다. 그래야 몸과 기의 불통(不通)에 빠지지 않으며 삶이 외롭지 않게 되고 '기가 통하는' 소통을 이룰 수 있습니다.

주변 사람들과 대화할 줄 알고 공감할 줄 알고 나눌 줄 아는 건 가장 확실한 수련이자 내 주변의 신을 움직이는 믿음이고 힘입니다.

수련하는 사람은 미세한 틈도 뚫고 흐르며, 동질성이 강해 무엇이든 만나고 섞이려는 물의 성질을 가져야 합니다. 비가 내리면 땅 위의 물이 땅 속의 물과 만나고 그 물이 바다를 만나기 위해 골짜기를 흐르듯 말입니다.

수맥이 강하게 흐르는 집은 시간이 지남에 따라 벽에 금이 가고 기초가 아래로 꺼지며 수명이 짧아지는데 그건 파동이 강한 수맥 탓입니다.

서로 뭉치려는 힘이 강한 물은 아래로 끊임없이 흐르고 흘러 바다에 도달하고, 다시 증발하여 하늘로 올랐다가 비나 눈이 되어 다시 땅으로 떨어집니다. 그게 자연의 순환이며 생명계의 순환입니다.

만물은 땅과 하늘이 화합하면서 조화를 이루고, 인간은 서로 어울리며 도울 줄 알아야 사회가 아름답고 태평해집니다. 욕심을 버리고 마음이 가벼워져야 천당에 갈 수 있듯 땅 위에서 노력하여 깨달아야 하늘에 오를 수 있습니다.


욕심이 많은 귀신을 지박령(地縛靈)이라 하는데, 늘 자기가 있었던 곳을 맴돌기만 할 뿐 현실을 받아들이지 못해 하늘로 오르지 못하는 불쌍한 영가여서 사람에게 해코지를 하는 나쁜 귀신이 될 수도 있습니다.

삼라만상이 다 자연이듯 인간도 귀신도 자연의 일부입니다. 누구나 자연의 순리대로 죽어 측량할 수 없는 업연(業緣)에 따라 어떤 형태로든 다시 태어나는 게 윤회(輪回)일 텐데, 비명횡사하거나 억울한 누명을 쓰고 죽어 한 서린 지박령이 되어 지천을 떠돌거나 사람들에게 앙갚음을 하는 것조차 인과응보(因果應報)라고 하는 자연의 순리이고 순환입니다.

　내 삶이 물처럼 흐르고 흘러 모든 생명과 만나 용해되어 새로운 생명으로 거듭날 수 있음을 아는 것, 그것이 순환이고 곧 깨달음입니다.

# 뜨거운 치유의 메시지

### 시인 김일석

자기치유의 훌륭한 지도서를 만난 느낌이다. 『노년의 지혜』가 수련을 준비하며 갖추어야 하는 인문학적 소양을 설파한 책이라면, 『초월명상과 기 수련』은 일상과 수련의 유기적인 관계, 치유의 구체적인 과정을 알기 쉽게 설명하는 교과서 같은 책이다.

은퇴한 선생님께서 향기 진한 곡차 한 잔 앞에 두고 옛 제자들에게 이야기하는 듯 따뜻한 질감이 참 좋다. 행간마다 혹시라도 놓칠세라 일일이 마음 써서 하나하나 챙겨 전하고자 하는 섬세한 마음을 읽는다.

문명의 일탈이 인간을 직격하는 시대, 그 살벌한 전방
위의 침탈을 피해가며 하루하루 사는 일이 만만찮은데,
여전히 사람들은 음풍농월(吟風弄月)하면서 미로 같은
문명의 구석구석에 향락의 토사물을 끼얹으며 아등바등
살아가고 있다.

　　이기주의에 충만한 이 세기말의 비감(悲感)에 '초월명
상과 기 수련'이라는 서사로 소리 없이 항거하는 바람
같은 마음은 아마도 위로이고 격려이리라.

언젠가 정직한 절망이야말로 희망이라 하셨던 말씀이 생각난다. 찬찬히 선생님의 이야기에 귀를 기울이다 보면 조용히 파고들어 마음을 휘감는 어떤 것, 책을 덮고 나서야 그게 치유임을 깨닫는다.

책 그득한 치유의 메시지가 널리 전해지길 바란다.

# 초월명상과 기 수련

초판 1쇄 발행  2017년 4월 28일

지은이  김노환
펴낸이  강수걸
편집장  권경옥
편집  정선재 윤은미 문유호
디자인  권문경
펴낸곳  산지니
등록  2005년 2월 7일 제333-3370000251002005000001호
주소  부산시 해운대구 수영강변대로 140 BCC 613호
전화  051-504-7070 | 팩스  051-507-7543
홈페이지  www.sanzinibook.com
전자우편  sanzini@sanzinibook.com
블로그  http://sanzinibook.tistory.com

ISBN  978-89-6545-411-3  03100